독서·토론·논술책을 펴내면서

손에 잡히는
독서·토론·논술
이래서 중요합니다!!

책을 통해
풍부한 어휘력이
생깁니다.

독서·토론·논술은
생각하는 힘을 길러줍니다.

독서·토론·논술은
창의력을 계발해 줍니다.

책을 통해 다양한
간접 경험을 할 수 있습니다.

상대방의 감정을 이해하며
공감하는 능력을 길러줍니다.

나의 생각을
분명하게 표현하며
자신감을 길러줍니다.

친구들의 생각과 비교하며
비판하는 능력을 길러줍니다.

자신의 생각을
논리적으로 표현하는
능력을 길러줍니다.

교과서와 관계된
내용으로 구성되어
공부하는 힘을 길러줍니다.

독서·토론·논술 교육의 6단계

이 책에서는 독서하는 과정을 하나의 여행과정으로 비유하여 글숲 여행이라 이름 하였습니다.

1. 글을 읽기 전 배경지식을 형성하거나 활성화하는 글숲 엿보기
2. 상상력을 동원하여 글을 읽는 글숲 여행하기
3. 글숲 상황에 대한 인지를 확인하는 글숲 여행 되돌아보기
4. 감정이입을 통해 글숲 인물들이 처한 입장을 이해해보는 글숲 사람 되어보기
5. 글숲 상황에 대해 생각을 나누는 토론과정으로 글숲 밖 사람 되어보기
6. 가장 인상깊게 남은 생각이나 내용을 정리해보는 글숲 여행을 마치며

01 글숲 엿보기 글숲 여행을 준비하는 과정입니다.

글을 읽기 전에 사전에 겪은 경험이나 지식을 미리 알아보는 활동입니다.

02 글숲 여행하기 글숲 여행을 통해 지식을 습득하는 과정입니다.

실제 책을 읽으면서 주인공의 생각이나 입장 등을 이해하는 활동입니다.

 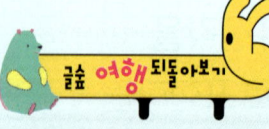

03 글숲 여행 되돌아보기 글숲 여행에서 보고 듣고 느낀 것을 떠올려 보는 과정입니다.

글을 읽으면서 알게 된 내용과 사실을 정리하는 활동입니다.

 글 속에 나오는 등장인물의 입장이 되어 생각해 보는 과정입니다.

등장인물의 입장이 되어 그들의 생각과 감정을 그대로 느껴 보는 활동입니다.

 글숲 밖으로 나와 생각을 나누는 토론 과정입니다.

글 속에 등장하는 인물들의 행동이나 사건 등에 대하여 각자의 생각을 토론하는 활동입니다.

 글숲 여행 후 가장 인상깊게 남은 생각이나 느낌을 정리해보는 과정입니다.

토론을 통해 정리된 생각을 글이나 그림 등 다양한 방법으로 표현하는 활동입니다.

생각의 나래를 펼치자

- 밤하늘을 빛나게 하는 드론

- 바다를 헤엄치는 로봇물고기 소피

- 전기차와 수소차

이런 것들은 창의력이 준 선물입니다.

　창의력을 기르기 위해 여러분이 할 수 있는 것은 어떤 것이 있을까요?
창의력은 생각의 한 종류입니다. 창의력을 기른다는 것은
생각하는 힘을 기르는 것이지요.
그럼 생각하는 힘을 기르기 위해 여러분은 어떤 것을 하는 것이 좋을까요?
　부모님이나 선생님들께서 책을 많이 읽으라는 말은 많이 들었을 것입니다.
맞습니다.
생각을 키우는 것 중에 가장 으뜸이 바로 책을 읽는 것입니다.
책을 읽으며 나의 생각과 느낌을 정리하고 그 내용을 친구들과 이야기하는 활동이
바로 생각을 키우는 일이랍니다.
　이 책은 여러분이 독서와 토론과 논술 활동을 단계적으로 할 수 있도록 만들어졌습니다.
작품 하나하나 읽으며 작품 속 주인공이 되어보기도 하고
주인공을 비판하는 활동 등을 하면서 생각하는 힘을 기를 수 있습니다.

손에 잡히는 독서·토론·논술 5학년

배우가 된 수아  ①	8	101 ⑧  마당을 나온 암탉
나무를 심은 사람  ②	23	114 ⑨  나의 라임오렌지 나무
사라, 버스를 타다  ③	35	131 ⑩  메아리
순남이의 행복 가득 편지함  ④	46	144 ⑪  엄마는 파업 중
그런 편견은 버려  ⑤	61	158 ⑫  샬롯의 거미줄
베니스의 상인  ⑥	71	168 ⑬  돈키호테
원숭이 꽃신  ⑦	90	184 ⑭  유관순

197 해답 및 풀이

배우가 된 수아

 주변 사람들을 보면 제 각기 조금씩 남과 다른 점이 있을 거예요. 다음 표에 다른 점을 적어 보세요.

연번	이 름	남과 다른 점
1		
2		
3		
4		

 여러분이 친구들에게 놀림을 받아보았거나 남을 놀려 본 적이 있으면 적어 보세요. 내가 그런 경험이 없다면 주변에서 본 것을 적어 보세요.

연번	이 름	놀림 이유
1		
2		
3		
4		

구연동화를 QR로 확인하세요.

수아가 남과 어떻게 다른지 머릿속에 떠올려 보며 다음 글을 읽어 봅시다.

배우가 된 수아

수아는 영무의 고종사촌입니다. 나이는 같지만 생일은 수아가 두 달 정도 빠릅니다. '누나'라고 불러 본 적은 한 번도 없지만요.
고종사촌 : 고모의 자녀를 이르는 말

수아는 서울에서 학교를 다니다가 이곳 은화초등학교로 전학을 왔습니다.

영무는 오늘부터 수아랑 같은 교실에서 공부할 생각을 하니 어찌나 자랑스럽고 신나는지 가슴이 뛰었어요. 은천초등학교를 다 뒤져도 수아만큼 예쁜 여학생은 없을 거예요.

드디어 앞문이 열리고 선생님이 들어오셨어요.

"우와! 예쁘다."

빛나리 선생님 옆에 서 있는 수아는 선생님 이마보다 더 눈부셨어요. 하얀 이마에 커다란 눈, 긴 머리에 예쁜 원피스를 입은 수아는 마치 텔레비전에 나오는 아역 배우 같았어요.
빛나리 선생님 : 이마가 벗겨진 모습에 붙인 별명

"여러분, 기쁜 소식이 있어요. 이름은 채수아이고 도시 학교에 다녔어요. 수아가 학교생활에 잘 적응할 수 있도록 여러분이 잘 도와주길 바랍니다."
적응 : 일정한 조건이나 환경 따위에 맞추어 응하거나 알맞게 됨

"안녕하세요!"

수아가 꾸벅 고개를 숙이며 큰 소리로 인사했어요. 아이들이 와르르 웃었어요. 예쁘게 차려입은 겉모습과는 달리 개구쟁이 사내아이처럼 걸쭉하고 씩씩한 목소리였거든요.
개구쟁이 : 심하고 짓궂게 장난하는 아이

"씩씩해서 좋구나. 자, 수아가 어디 앉으면 좋을까?"

"선생님, 우리 모둠이요! 우리 고모가 수아 잘 돌봐 주랬어요."

"그래, 영무랑 친척이니까 수아가 적응할 때까지는 그게 좋겠다. 수아야, 영무 옆에 가서 앉아라."

영무 옆자리로 온 수아가 자리에 털썩 앉았어요.

첫 시간은 수학 시간이었어요. 그런데 수아는 책 꺼낼 생각은 하지 않고 딴 짓만 했습니다. 시내의 책받침을 말도 없이 가져다가 햇빛에 비춰보더니 책상 위에 그림자가 지는 것을 보고는 그림자놀이에 열중했습니다.
그림자놀이 : 촛불이나 햇빛 등 불빛 가까이에서 손을 움직여 벽이나 창문에 여러 모양의 그림자가 나타나는 것을 즐기는 놀이

선생님도 아이들과 함께 수아의 별난 행동을 바라보기만 했습니다.

"수아야, 수학책 꺼내."

"수학 싫어요. 책 볼래요."

수아는 갑자기 벌떡 일어나 자기 맘대로 학급문고가 있는 쪽으로 가더니 책꽂이 앞에 털썩 앉아 이 책 저 책을 꺼냈어요.

선생님은 교실 바닥을 쿵쿵 울리며 뒤로 가시더니 수아를 끌고 와 제자리에 앉혔어요. 수아는 끌려오면서도 손에 든 책을 놓지 않고 소리 내어 책을 읽기 시작했어요.

"와, 대단하다! 완전 맘대로잖아. 선생님도 안 무서운가 봐."

"바보 아냐? 순전히 지 맘대로야."

수아에 대한 아이들의 평가는 엇갈렸지만 '제 맘대로'라는 점은 모두 같았어요. 늘 무슨 약을 먹던데 그게 바로 맘대로병을 치료하는 약인가 봐요.
맘대로병 : 현재 눈앞에서 이루어지고 있는 일에 집중하지 못하고 자기 마음대로 행동하는 것을 이름 – 주의력결핍 과잉행동장애(ADHD)라고 볼 수 있음

영무는 한껏 부풀었던 가슴이 쭈글쭈글해지는 것 같았어요. 도시 학교에서 쫓겨났다는 할아버지 말이 사실인가 봅니다. 어쩌면 빛나리 선생님에게도 쫓겨날지 모릅니다.

"너 내 미니카 갖고 싶지? 한 개 줄게. 대신 수아를 때려 줘."

"하, 한 대만 때리면 돼?"

"두 대. 대신 세게 세려야 돼. 너, 내가 시켰다고 얘기하면 도로 뺏을 거야."

"수아, 저기 있다. 우리 고모가 데리러 오기 전에 빨리 가서 때려."

영무는 주먹을 쥐고 을러댔어요. 성남이가 주춤거리며 수아 쪽으로 가서 수아
을러대다 : 말이나 행동으로 겁을 먹도록 위협하다
머리를 두 번 때렸어요. 수아가 으앙, 우는 것이 보였습니다. 그제야 영무는 마음이 조금 풀리는 것 같았어요. 수아가 맘대로병에 걸린 줄 알았으면 수아를 돌보아주겠다고 하기는커녕 전학 오는 것도 반대했을 겁니다.

영무 할머니는 아빠가 아홉 살 때 돌아가셨다고 합니다. 온갖 고생을 하며 고

모와 아빠를 키우던 할머니가 돌아가신 뒤, 고모는 중학교도 제대로 못 마친 채 어린 나이에 아빠를 돌봐 주었다는 거예요.

고모는 영무에게도 잘해줍니다. 새로 나온 로봇도, 유명 상표 옷과 신발도, 유행하는 학용품도 모두 고모가 사 준 것입니다. 영무는 종종 고모가 엄마였으면 좋겠다는 생각을 했습니다.

"내가 고등학교라도 마칠 수 있었던 건 다 누나 덕이야. 학교도 제대로 못 다니고 고생하던 누나가 결혼하고 사업도 잘되어서 마음이 뿌듯했는데 수아 때문에 저렇게 속을 썩으니……."

뿌듯하다 : 기쁨이나 감격이 마음에 가득 차서 벅차다

"계속 치료를 받으면 차츰 좋아진다니까 걱정 마. 그리고 우리 영무가 수아를 돌봐 주니까 당신 빚을 조금이라도 갚은 거나 마찬가지여."

영무는 그 말을 듣는 순간 속으로 찔끔했어요. 영무가 수아를 얼마나 미워하는지 안다면 고모나 아빠가 어떻게 생각할까요?

"영무야! 영무 이놈의 자식 어디 있어? 당장 이리 나오지 못해!"

대문에서 고모 목소리가 들려 왔어요.

"아니 이럴 수가 있는 거냐, 응? 영무가 글쎄, 그동안 성남이를 시켜서 우리 수아를 때렸다는 거야."

"설마요, 영무가 수아를 얼마나 챙기는데 그럴 리가 있어요? 성남이가 괜히 우리 영무한테 미루는 거겠지."

"차라리 그런 거라면 내가 이렇게 화나지 않겠어. 오늘은 성남이에게 수아를 도랑에 빠뜨리라고 했대. 애가 머리끝부터 발끝까지 젖어서 울고 있더라고. 영무가 어떻게 그럴 수가 있어? 내가 저를 얼마나 예뻐했는데."

도랑 : 폭이 좁은 작은 개울

고모 말끝에 울음이 묻어났어요.

"수아하고 너는 사촌간이지만 친남매나 마찬가지야. 남이 놀리고 괴롭히면 말리고 보호해 줘야 할 녀석이, 다른 애를 시켜서 괴롭혀?"

아빠는 간신히 화를 참고 있는 것 같았어요.

"너 어떤 벌을 받아야 된다고 생각하니? 잘못한 대로 하자면 다리몽둥이를 분질러도 시원찮겠지만 아빠는 딴 벌을 주기로 했다. 앞으로 한 달 동안 고모 대

다리몽둥이 : 다리를 속되게 이르는 말

신 네가 수아를 데리고 학교에 다니는 벌이야."

영무는 입이 딱 벌어졌습니다. 학교에서 함께 생활하는 것도 지겹고 짜증나는데 등하교까지 같이 하라니요.

포크댄스 : 예로부터 전하여 오는 민속춤. 레크리에이션의 하나. 학교나 직장 따위에서 운동이나 오락으로 즐기는 경쾌한 춤

중간놀이 시간이면 전교생이 운동장에 모여 포크댄스를 배웁니다.

그런데 엊그제 수아가 떡하니 조회대 위로 올라가 시범을 보이는 선생님과 6학년 누나들 옆에서 함께 포크댄스를 췄습니다. 사뿐사뿐, 나풀나풀, 6학년 누나들보다 훨씬 더 멋져 보였습니다.

수아는 포크댄스뿐 아니라 다른 춤도 잘 추었어요. 수아를 바보 취급하는 아이들도 춤 실력만큼은 인정할 수밖에 없었어요.

"어멈아, 나 토요일에 읍내 체육관에 구경 다녀오련다."

"흥부놀부 보시게요? 우리 학교 앞 가게에도 광고가 붙었는데요. 할아버지 저도 갈래요."

토요일 수업이 끝난 뒤 영무와 수아는 책가방을 성남이 편에 보내고 학교 앞에서 할아버지를 기다렸어요. 하얀 모시 바지저고리를 입고 모자를 쓴 할아버지가 오토바이를 타고 나타나자 수아가 팔짝팔짝 뛰며 좋아했어요.

마당놀이가 시작되었어요. 텔레비전에 나오는 배우가 놀부 분장을 하고 심술
마당놀이 : 마당에서 벌이는 민속놀이
부리는 장면은 배꼽 빠지게 재미있었어요. 수아를 보니 마당놀이에 정신을 온통 빼앗긴 얼굴이었어요.

다리를 고쳐 준 제비가 흥부네 집에 박씨를 물어다 주었어요. 수아는 어떤 표정일까, 무심코 옆을 돌아보았는데 수아가 자리에 없습니다. 영무와 할아버지는 화장실로, 체육관 안으로, 밖으로 수아를 찾으러 돌아다녔지만 아무 데도 없었어요.

"쟨 도대체 누구야? 춤추는 거 봐. 진짜 아역 배운가 봐."

사람들 말에 무대를 내려다보던 영무의 눈길이 한 곳에 가서 멈추었습니다. 수아였어요. 수아가 흥부 자식들 틈에 섞여 얼쑤얼쑤 춤을 추고 있었습니다.
얼쑤얼쑤 : 얼씨구절씨구의 줄임말 －흥겨울 때 장단을 맞추며 변화있게 내는 소리
"채수아, 수아야, 이리 나와. 얼른 나오라고."

영무는 할아버지를 찾으러 계단을 뛰어 내려갔어요. 할아버지는 땀을 뻘뻘 흘리며 체육관 광장을 돌아다니고 있었어요.

"할아버지, 수아 찾았어요. 무대 위에 있어요."

할아버지는 영무의 말을 더 듣지도 않고 앞장서서 체육관 안으로 뛰어갔어요. 그러나 수아는 무대 위에 없었어요. 어딜 간 걸까요?

"영무야."

하고 수아가 옆에서 천연덕스럽게 영무를 불렀어요.

천연덕스럽다 : 시치미를 뚝 떼어 겉으로는 아무렇지도 않은 척 하는 태도

화초장 : 화초 무늬가 있는 옷장
– 투명한 유리판의 뒷면에 여러 가지 색으로 화려하게 그림을 그린 후 색종이로 뒷면을 받쳐 끼운 장

"화초장, 화초장, 화초장, 얻었구나. 얻었구나. 화초장 한 벌을 얻었다. 초장화? 아니다. 화장초? 아니다. 간장, 고추장, 구들장, 방장, 송장? 아니다."

수아가 춤을 추며 놀부 흉내를 냈어요. 와하하하! 아이들이 책상을 두들겨 대며 웃었어요.

수아가 등굣길에 불쑥 마당놀이 흉내 내는 것을 보며 영무는 벌어진 입을 다물 수가 없었어요. 뭐든 외우는 것을 잘하는 아이긴 하지만 한 번 본 놀부전을, 그것도 아주 재미난 대목만 골라서 어떻게 다 외웠는지 신기하기만 했어요. 아이들이 걸핏하면 수아에게 또 해보라고 졸랐어요. 하지만 수아는 영무가 시킬 때만 했어요.

그때부터 아이들은 수아의 공연을 보고 싶으면 영무에게 무엇이든지 주어야만 했어요. 몽당연필, 지우개, 풍선, 쭈쭈바…….

소문이 다른 학년까지 퍼져서 더 바빠졌습니다.

"채수아가 흥부놀부 흉내를 그렇게 잘 낸다는 게 사실이야?"

"우하하하. 쟤 되게 웃긴다. 바본 줄 알았더니 별걸 다 하네. 야, 더 해 봐."

영무는 뻐기는 듯한 표정으로 수아의 공연을 보여주었어요.

공연 : 무용,연극, 음악 따위를 공개된 장소에서 보이는 일

애국 조회 시간이었어요. 햇볕은 쨍쨍 내리쬐고 있었어요. 영무는 조회대의 천막 지붕 그늘 아래 앉아있는 교장 선생님과 교감 선생님이 부러웠어요.

"어?"

영무는 눈을 동그랗게 떴어요. 수아가 조회대 위로 올라가고 있었어요. 조회대 위로 올라간 수아는 교장선생님 옆에 있는 빈 의자에 털썩 앉았어요. 아이들이 발을 구르며 와아 웃었어요. 아이들이 웃거나 말거나 수아는 교장선생님보다 더 의젓하게 자리에 앉아 있었어요. 체육 선생님이 올라가서 수아를 데려오려 하자

의젓하게 : 말이나 행동 따위가 점잖고 무게가 있게

교장선생님이 그냥 놔두라고 했어요.

"다음은 시상 차례입니다. 김수진, 박경호, 한미연, 박영무……."

영무는 자기 귀를 의심했어요.

"박영무, 안 나가고 뭐 해."

영무는 그제야 앞으로 나갔습니다. 가슴이 콩닥콩닥 뛰었어요.

"착한 어린이상. 5학년 매화반 박영무. 위 어린이는 다른 학생들의 모범이 되는 착한 일을 하였기에 이 상장을 수여합니다."

조회가 끝나고 교실에 들어오자 반장이 물었어요.

"선생님, 박영무는 왜 상을 받은 거예요? 착한 일 한 것도 없잖아요."

아이들도 궁금했는지 수군거렸어요. 실은 영무 자신이 가장 궁금했습니다.

"영무가 상 받은 건 수아를 잘 돌봐 주었기 때문이야."

학교가 끝나자 영무는 마음이 급해졌어요. 빨리 가족들에게 상장을 보여주고 싶었기 때문이에요. 나무 그늘 옆을 지날 때 같은 반 진희가 수아를 가리키며 이렇게 말했어요.

"할머니, 쟤가 흥부놀부 흉내 잘 내는 애야."

"아가, 이리 와서 한번 해 봐라. 어디 구경 좀 해 보자."

"공짜론 안 돼요. 우리도 돈 내고 가서 보고 왔거든요."

영무가 말했어요.

"아이고, 이놈 봐라! 아주 맹랑한 놈일세. 그래, 얼마 주랴?"

맹랑하다 : 하는 짓이 만만히 볼 수 없을 만큼 똘똘하고 깜찍하다

"아이스크림 세 개만 사 주세요."

수아는 놀부가 화초장을 짊어지고 가는 시늉을 하며 노래를 불렀어요.

"아따! 고것 맛깔지게 잘 한다."

맛깔지다 : '맛깔스럽다'의 비표준어. 맛깔스럽다-입에 당길 만큼 먹음직하다

영무는 다른 사람들에게 공짜로 수아의 공연을 보여 주는 것이 아까웠어요. 어떻게 할까 궁리하던 영무는 언젠가 읍내에서 본 '심장병 어린이 돕기 모금함'이 떠올랐어요.

영무는 성남이 모자를 바가지처럼 들고 구경꾼들 앞으로 돌아다녔어요.

"구경 값 내세요. 공짜가 아니에요."

아이들은 안 냈지만 어른들은 웃으면서 백 원도 넣고 오백 원도 넣었어요.

"수아야!"

수아가 공연을 하는 동안 모자 안의 돈을 세던 영무는 쨍하고 들려오는 소리에 화들짝 놀라 돌아보았어요. 고모였어요. 영무는 돈이 든 모자를 들고 살살 기어서 그곳을 빠져 나온 다음 줄달음질 쳤어요.

"수아를 웃음거리 만들고 돈을 받아? 이놈아, 수아가 불쌍하지도 않아?"

아빠 목소리가 우르릉 쾅! 천둥소리처럼 들렸어요. 그리고 동시에 종아리가 불에 덴 것처럼 화끈거렸어요. 아얏 비명이 절로 터져 나왔어요.

종아리가 불에 덴 것처럼 화끈거리다 : 아빠가 종아리를 세게 때리셨음을 의미

"수아가 뭐가 불쌍해요? 뭐든지 맘대로 해도 혼나지도 않는데 뭐가 불쌍해요? 수아는 공부시간에 맘대로 돌아다녀도 안 혼나요. 공부는 자기가 하고 싶은 것만 하고요, 조회시간에 조회대에 올라가서 교장선생님 옆에 앉아도 안 혼나요. 나보단 누난데 모두들 나보고만 양보하고 돌봐주라고 하잖아요. 선생님도 수아가 없어지면 나보고만 찾아오라고 하고, 애들도 막 놀려요. 그래도 수아는 창피한 줄도 몰라요. 나만 화나요. 그런데 수아가 뭐가 불쌍해요? 내가 더 불쌍하단 말이에요. 수아에게 도로 가라고 해요. 도로 전학가라고 해요."

영무는 아빠한테 혼나고 있는 중이란 것도 잊은 채 두 다리를 쭉 뻗고 앉아 엉엉 울었어요. 아빠는 말문이 막힌 듯 담배만 뻑뻑 피울 뿐이었어요.

말문이 막히다 : 말이 입 밖으로 나오지 않게 되다

"……미안해, 영무야……."

밖에서 들려온 고모 목소리에 영무는 울음을 꿀꺽 삼키며 아빠를 쳐다보았어요. 아빠가 방문을 여니 고모가 마루에 걸터앉아 양팔로 마룻바닥을 짚은 채 어깨를 들썩이며 흐느끼고 있었어요.

"……고모가 생각이 짧았어. 고모는 우리 영무가 수아 때문에 그렇게 힘들어 하는지 몰랐어. 미안해……."

"잘못했어요, 고모……. 근데 수아를 웃음거리 만들려고 그런 건 아니에요.

웃음거리 : 남으로부터 비웃음과 놀림을 받을 만한 일 또는 그런 사람

애들이 수아를 바보라고 놀리다가도 흥부놀부 흉내 내면 그거 다 외운다고 똑똑하다고 해요. 나도 수아가 애들한테 놀림당하는 거 싫어요. 그래서 시킨 거예요. 그런데 수아가 안 한다고 하면 애들이 과자도 주고 학용품도 주고……. 돈 받은 건 오늘이 처음이에요. 정말이에요."

마룻바닥 위로 눈물방울이 뚝뚝 떨어졌어요. 영무는 고모가 보지 못하는데도 싹싹 빌었어요.

"영무야, 울지 마. 내가 흥부놀부 할게."

자기 딴에는 영무를 달래려고 그러는 모양이지만 영무는 가슴이 덜컥 내려앉았어요. 지금까지의 일이 다 그 마당놀이 흉내 때문이었는데 수아가 눈치도 없이 하겠다고 나서니 말이에요.

식구들이 어리둥절해 있는데 수아는 마당 한가운데로 가서 흥부가 박 타는 장면을 흉내 내기 시작했어요.

"실근 실근 실근 실근 시르렁 식삭 당그여라 톱질이야. 이 박을 타거들랑 아무것도 나오지 말고 금은보화만 나오너라. 금은보화 나오면 우리 형님 드릴란다. 아니, 우리 영무 드릴란다."

금은보화 : 금, 은, 옥, 진주 따위의 매우 귀중한 물건

함께 마당놀이를 구경했던 할아버지는 물론, 고모와 아빠도 수아의 공연에 넋 나간 듯 바라보았어요. 엄마도 휘둥그레진 눈으로 부엌에서 나왔어요.

"아니, 수아가 저런 걸 어디서 배웠대요?"

아빠에게 매 맞은 영무 때문에 애달파 하던 엄마도 조금 전의 일은 까맣게 잊었는지 수아를 보며 감탄했어요.

애달프다 : 마음이 안타깝거나 쓰라리다. —애처롭고 쓸쓸하다

"허, 거참!"

"아이고, 우스워라. 배꼽 빠지겠네. 돈 내고 구경할 만하다."

엄마가 먼저 깔깔 웃었어요.

아빠와 고모는 입까지 벌린 채 수아를 지켜보고 있었어요. 영무는 애들 앞에서 수아의 공연을 보여 줄 때처럼 어깨가 으쓱해졌어요.

"그럼 재능이 있는데 키워줘야지."

재능 : 재주와 능력

할아버지가 잠든 수아의 얼굴을 바라보며 말했어요.

"사람마다 생김새가 다르듯이 가지고 있는 재능이나 특성도 다른 법인데 그걸 인정하려 들지 않았던 거야. 그래서 수아가 가진 장점이나 재능은 무시하고 서투르고 부족한 것만 가지고 판단했던 것 같아."

고모는 춤추고 노래하는 것을 좋아하는 수아의 재능을 살리고 키워주기 위해 다시 도시로 돌아가기로 결정을 내렸습니다.

"왜 우리 영무는 아무 말 안 할까? 수아가 간다니까 좋지? 그동안 영무한테 너무 큰 짐을 지워준 것 같아 미안해. 이제 수아 도로 갈 거니까 너무 미워하지 마. 알았지?"

고모가 말했어요.

수아가 가면 손목의 팽이 줄을 풀을 때처럼 홀가분하고 신날 줄 알았는데 그렇지 않았습니다. 영무는 고모에게 가지 말라고 하고 싶었습니다. 이제는 정말 수

아를 잘 돌봐주겠다고 말하고 싶었습니다.

개학이 되어 학교에 갔으나 영무는 재미가 하나도 없는 듯한 얼굴로 의자에 털썩 앉았어요.
수아는 없습니다. 이제 수아는 이 교실에 없습니다.
"수아는 이제 한 교실에서 공부할 수 없단다. 여름방학 동안 전학 갔어."
선생님께서 말씀하셨습니다.

전학 : 다니던 학교에서 다른 학교로 학적을 옮겨 가서 배움

아이들은 수아가 전학 오던 날보다 더 웅성거렸어요. 정말이에요? 어디로요? 왜요? 영무는 수아가 전학 갔다고 하면 아이들이 좋아할 줄 알았어요.
"수아 때문에 재미있는 일도 많았단 말이에요."
반장이 시무룩한 목소리로 대답했어요.

시무룩하다 : 마음이 못마땅하여 말이 없고 얼굴에 언짢은 기색이 있다

"그럼 우리 수아에 대해 기억나는 거 얘기해볼까?"
"흥부놀부 흉내 내던 거요."
"조회 시간에 조회대 위에 올라갔던 거요."
"공부시간에 맘대로 돌아다닌 거요."
"책 많이 읽던 거요."
"춤 잘 추던 거요."
"그래, 너희들 이야기를 듣다보니 수아는 어디가 모자라거나 문제가 있는 아이가 아닌 것 같다. 단지 조금 다를 뿐이지. 선생님도 이제야 그걸 깨달았어. 수아가 너희들에게 아주 큰 선물을 주고 갔구나."
아이들이 기대에 찬 얼굴로 어디요? 무슨 선물이요? 고개를 빼고 엉덩이를 들고 법석을 떨었어요. 영무도 무얼까 선생님을 바라보았어요.
"수아뿐 아니라 너희들도 다 조금씩 다르다는 걸 선생님이 깨닫도록 해 준 거지. 그게 수아가 주고 간 선물이야."

1 수아는 어디에서 살다가 어느 학교로 전학을 왔습니까?

2 수아는 왜 전학을 오게 되었습니까?

3 영무는 수아와 어떤 사이입니까?

4 수아는 남과 어떻게 다릅니까?

5 고모는 수아가 춤을 잘 추는 것을 보고 어떻게 하였습니까?

6 수아가 가고 난 후 수아네 반 친구들은 어떤 선물을 받게 되었나요?

1 '수아 때문에 괴로운 영무'

> 영무의 사촌인 수아는 학교에서 자기 맘대로 행동해서 사촌인 자기에게 창피를 줍니다. 선생님도 영무에게 수아를 돌보라고 맡겨 놓고선 수아가 없어지면 찾아오라고 하고, 준비물을 안 가져와도 영무만 야단쳐서 매우 힘들어요.

😊 영무가 되어 엄마에게 자신의 힘든 점을 하소연해 보세요.

....

....

....

2 '수아가 펼치는 흥부놀부 마당놀이'

> 수아는 흥부놀부 마당극을 보고 온 후로 마당극을 하고 싶었어요.

😊 수아가 되어 흥부가 박타는 장면을 마당극으로 엮어 보세요.

....

....

....

....

1 수아의 선생님은 수아 때문에 불편해하는 반 전체 아이들보다 무질서한 수아를 이해하는 쪽을 선택하였습니다. 선생님의 선택에 따른 장단점을 적어 보고 토론해 보세요.

구 분	장 점	단 점
남을 고려하지 못하는 수아의 입장을 이해하는 선택		
수아의 무질서 때문에 불편해하는 반 전체의 입장 선택		

2 만약에 가족 중에 보통사람과 다른 점을 가진 사람이 있다면 여러 가지로 불편한 점도 많을 거예요. 가족들이 어떤 태도로 대하면 좋을지 생각해 적어 보세요.

보통 사람과 다른 점	가족들이 가져야 할 바른 태도
가. 지능이 낮아서 공부가 뒤떨어짐	
나. 팔이나 다리 등에 이상이 있어 행동이 불편함	
다. 정서적으로 안정이 안 되어 늘 불안해함	
라. 외모가 못생겼다고 사람 만나기를 꺼려함	
마. 몸이 허약하여 늘 힘들어 함	

글숲 여행을 마치며

🔎 수아의 재능을 계발하기 위해 서울로 간 수아 엄마는 훌륭한 마당극 선생님을 찾아가서 수아를 열심히 훈련시킨 결과 세계대회에 나가 1등을 하였어요. 이 소식을 국내에 알리기 위한 신문기사를 써 보세요.

나무를 심은 사람

1 화분이나 산에 나무를 심어본 경험이 있으면 적어 보세요.

2 산에 나무가 한 그루도 없다면 어떻겠습니까?

3 '나무를 심은 사람'이라는 제목을 보고 어떤 사람이 왜 나무를 심었을까 상상해서 적어 보세요.

구연동화를 QR로 확인하세요.

나무를 심은 사람은 왜 나무를 심었을까 생각해 보며 다음 글을 읽어 봅시다.

나무를 심은 사람

황무지에서
황무지 : 손을 대어 거두지 않고 내버려 둔 땅

　세상일이라는 것은 겉만 봐서는 모르는 거야. 특히 어떤 사람이 정말로 훌륭한 사람인지 아닌지 판단하는 일은 쉬운 게 아니지. 참으로 훌륭한 사람의 업적은 오랜 세월이 지난 후에야 비로소 그 참다운 가치가 알려지는 법이란다.

업적 : 사업이나 연구 따위에서 얻은 공적

　내가 지금부터 얘기해 주려고 하는 이 사람은 평생 동안 돈이나 명예를 바란 적이 한 번도 없었어. 그렇지만 이 사람이 이룬 좋은 업적은 우리가 사는 세상에 뚜렷한 발자취를 남겼고, 후세 사람들에게 크나큰 은혜를 베풀었단다. 지금 해 주려고 하는 이야기는 수십 년 전 내가 어느 깊은 산골을 여행했을 때의 얘기야.

명예 : 세상에서 훌륭하다고 일컬어지는 이름이나 자랑
발자취 : 지난날의 경력이나 업적

　나는 젊었을 때 혼자 여행 다니는 것을 좋아했단다. 그래서 발길 닿는 대로 돌아다니다 보니 전혀 가 본 적이 없는 어떤 산골로 들어서게 되었어. 그곳은 해발 1,300미터쯤 되는 높은 지대였는데 그야말로 완전한 황무지였어. 가도가도 나무 한 그루 보이지 않고 어쩌다 눈에 띄는 것이라곤 잡초뿐이었다고.

해발 : 해면으로부터 계산한 육지나 산의 높이
잡초 : 가구지 않아도 저절로 나서 자라는 여러 가지 풀

　나는 이런 길을 사흘간이나 계속 걸었지. 그러다가 어떤 마을에 도착했는데 금방이라도 귀신이 튀어나올 것 같은 끔찍스러운 마을이었어.

　지붕이 날아가 버린 대여섯 채의 집과 벽이 허물어진 교회가 하나 있었는데 오래 전부터 사람들이 살지 않는 듯 했어.

　나는 목이 말라 우물부터 찾아보았지. 겨우 우물을 하나 찾긴 찾았는데 물이 완전히 말라 있는 거야. 나는 도망치듯 그 마을을 빠져 나왔어. 그리고 다섯 시간쯤 더 걸어갔지. 목이 말라서 견딜 수가 없었지만 어디에서도 물을 찾을 수가 없었어. 끝없이 펼쳐진 들판에는 잡초만이 무성할 뿐이었다고.

그런데 갑자기 저 멀리에 조그마한 검은 그림자가 언뜻 보이는 게 아니겠니?

나는 나무인가 생각하고는 그곳을 향해 걸어갔어. 그런데 그 그림자는 양을 치는 노인이었단다. 노인의 옆에는 30마리쯤 되는 양들이 뜨거운 땅바닥에 엎드려 있었지.

노인은 가죽부대를 풀어 우선 나에게 물을 마시게 해주었어. 아아, 물이 이토록 맛이 있는 줄은 예전엔 미처 몰랐단다. 양치기 노인은 나를 잠시 쉬게 한 뒤 들판 한쪽 구석에 있는 자기 집으로 데려갔어.

노인은 거의 말을 하지 않았어. 고독한 사람이었나 봐. 그런데 그런 노인의 모습이 오히려 나에게 좋은 느낌을 주었어. 때때로 침묵은 어떤 웅변보다도 고귀한 법이거든.

고독한 : 쓸쓸하고 외로운

양치기 노인은 내게 따뜻한 수프를 갖다 주었어. 그러고는 자고 가라며 포근한 담요를 펴 주었어. 내가 아무 말도 안 했지만 그 노인은 이미 내가 자기 집에서 자고 가야 한다고 생각했던 거야. 거기서 가장 가까운 마을이라 해도 걸어서 하루 반은 족히 걸리니까 말이야. 그 주변에는 네 군덴가 다섯 군데의 마을이 자동차가 다닐 수 없는 험한 산중턱 여기저기에 흩어져 있었어.

그 마을의 사람들은 대개 나무를 베어다 숯을 굽는 일을 하고 살았지. 물론 그 마을 사람들은 매우 가난했단다. 또 그곳은 사계절 모두 기후가 안 좋았고 집들도 모두 처마가 붙어 있을 만큼 형편없었어. 그러다 보니 마을 사람들은 항상 서로 으르렁대고 싸우며 살았지. 마을 사람들의 소원은 오직 한 가지, 어떻게 해서든지 그 마을을 빠져 나가는 것이었단다. 남자들은 구운 숯을 수레에 싣고 도시로 팔러 나갔다 되돌아오는 생활을 다람쥐 쳇바퀴 돌 듯 되풀이했지.

이렇듯 지겨운 생활이 계속되다 보니 사람들의 마음은 자연스레 메말라져 갔단다. 여자들은 원망과 한탄만 하며 하루하루를 살았고 사소한 일에도 다투길 잘했어. 심지어는 교회에 나가서조차도 서로 앞에 앉겠다고 소리 지르며 싸웠을 정도였으니까. 더구나 끊임없이 불어오는 사나운 바람 때문에 사람들의 신경이 예민해져서 자살하는 사람들도 많았다고 하는구나. 한 마디로 사람 살 곳이 못 되는 마을이었지.

한탄 : 원망을 하거나 뉘우침이 있을 때에 한숨을 쉬며 탄식함

원망 : 억울하게 또는 못마땅하게 여겨 남을 탓하거나 미워하는 일

2. 나무를 심은 사람

마을 이야기는 그만하고 다시 양치기 노인의 얘기를 계속할게.
양치기 : 양을 치는 사람

내가 수프를 다 먹고 나자 그 노인은 어디선가 조그만 주머니를 갖고 와서는 그 속에서 도토리를 꺼내 탁자 위에 펼쳐 놓는 거야. 그리고는 하나씩 하나씩 집어 들고서 꼼꼼하게 가려내기 시작했어. 내가 "거들어 드릴까요?"하고 말했지만 노인은 "아니, 괜찮소."하며 고개를 젓는 거야.

나는 양치기 노인이 하는 일을 지켜보았지. 우선 노인은 탁자 위에 펼쳐 놓은 도토리 중에서 큼직한 것들만 골라내더구나. 그런 다음에 골라낸 것들을 하나씩 하나씩 눈에 가까이 대고 살펴본 뒤 금이 가지 않고 성한 것들만 가려놓는 거야. 마침내 제대로 된 도토리가 100개나 모아졌어. 그제야 양치기 노인은 하던 일을 멈추었고 우리는 잠자리에 들었단다.
잠자리 : 누워서 잠을 자는 곳. 잠을 자기 위해 펴놓은 이불과 요를 통틀어 이르는 말

이튿날 아침, 난 양치기 노인에게 하루만 더 묵게 해 달라고 부탁했지. 왠지 모르게 그 노인이 좋아졌기 때문이야. 양치기 노인은 두말없이 내 부탁을 들어줬어. 그 노인은 무슨 일이든지 귀찮은 게 없는 사람인가 봐.

양치기 노인은 양떼에게 풀을 먹이러 떠나기 전에 지난밤에 정성스럽게 골라 놓았던 도토리를 물속에 잠시 담갔다가 꺼내어 자루에 담았어. 그리고 자루를 허리춤에 매어달고 나서는 양떼를 몰기 시작했지.
허리춤 : 바지나 치마처럼 허리가 있는 옷의 허리 안쪽

그런데 참으로 이상한 것은 양치기 노인이 손에 쥐고 있는 것이 보통 양치기들이 들고 다니는 나무지팡이가 아니라 길이가 1미터 50센티미터 정도 되는 쇠막대가 아니었겠니?

나는 양치기 노인을 뒤따라갔어. 양치기 노인은 한참 동안 양떼를 몰고 가다 어느 조그만 골짜기에 있는 풀밭에다 양떼들을 풀어놓았어. 그리고는 한 200미터쯤 계속 올라가는 거야. 그리고는 쇠막대로 땅에 구멍을 파기 시작했어.

노인이 왜 땅에다 구멍을 팠을까?

양치기 노인은 구멍마다 도토리를 하나씩 심고는 정성스럽게 흙으로 덮었지. 그래, 양치기 노인은 떡갈나무를 심고 있었던 거야.

다음 날 나는 양치기 노인과 여행길에 올랐단다. 내가 노인에게 "아저씨네 땅

인가요?"하고 물었어. 그랬더니 "아니, 내 땅은 아니오."하는 거야. 누구네 땅인지도 모르지만 그런 건 아무 상관없다는 듯 말했어.

그때 나도 거들면서 노인에게 이것저것 물어 여러 가지 궁금한 사실을 알아냈지. 우선 알아낸 것은 이 양치기 노인이 3년 전부터 이 황무지에 나무를 심어왔다는 것이야. 그리고 그동안 10만 개의 씨앗을 심었는데 그 중에서 2만 개가 싹을 내었대.

그런데 그 중에서도 절반가량은 앞으로 못 쓰게 될 것이라는구나. 왜냐하면 산짐승들이 파먹기 때문이래. 그래도 굉장한 일이야. 나머지 1만 그루의 떡갈나무는 이곳에 뿌리를 내리게 되니깐. 나무 한 그루 없이 잡초뿐인 이 황무지에!

떡갈나무 : 도토리나무

나중에 알고 보니 양치기 노인은 예전에 가족들과 함께 농장에서 살았었대. 그런데 갑자기 하나뿐인 아들을 잃게 되었고 얼마 안가 그의 아내도 세상을 떠난 거야.

농장 : 농사지을 땅과 농기구, 가축, 노동력 따위를 갖추고 농업을 경영하는 곳

세상에 혼자 남게 되자 양치기 노인은 아예 그 마을을 떠나 이곳에 와서 양떼와 개 한 마리만을 데리고 살았다는구나. 물론 외롭기는 했지만 산 속에서 조용히 사는 것도 괜찮았대.

그런데 어느 날 양치기 노인은 무언가 세상을 위해 좋은 일을 하고 싶어졌던 거야. 그래서 그 노인이 시작한 것이 바로 이 황무지에다 나무를 심는 것이었어. 나무가 없는 땅은 죽은 거나 다름없다는 것이 양치기 노인의 생각이었거든.

낙원으로
낙원 : 안락하게 살 수 있는 즐거운 곳

양치기 노인을 만났던 그 다음 해에 그만 전쟁이 일어나고 말았어. 물론 나는 전쟁터에 나가 전쟁이 끝날 때까지 5년 동안 싸웠단다. 그러니 내가 양치기 노인을 까맣게 잊고 지냈을 수밖에 없지 않았겠니? 어린 시절에 타고 놀았던 목마나 차곡차곡 모아두었던 우표처럼 먼 옛날의 추억이 되고 말은 거지.

그러다가 내가 다시 그 산골을 찾아간 것은 전쟁이 끝나고 한참이 지나서야. 그때의 황무지는 조금도 변한 게 없었단다. 그리고 처음에 찾아갔던 그 마을도 여전히 사람이 살고 있지 않았어. 귀신이 나올 것 같은 느낌도 여전했고······.

융단 : 염색한 털로 그림이나 무늬를 놓아 짠 두꺼운 천

그런데 저 멀리 아득히 먼 곳에 잿빛 아지랑이 같은 것이 융단처럼 펼쳐져 있는 게 아니겠니? 그래, 떡갈나무 숲이었던 거야.

아지랑이 : 주로 봄날 햇빛이 강하게 쬘 때 공기가 공중에서 아른아른 움직이는 현상

나는 단숨에 양치기 노인의 집으로 달려갔지. 혹시 그동안 돌아가시지는 않았을까 하는 생각에 가슴을 졸이면서 말이야. 그러나 양치기 노인은 예전보다 더욱 건강한 모습으로 나를 맞이해 주었어. 변한 게 있다면 양떼를 기르는 대신 100통의 꿀벌을 치고 있다는 것뿐. 양들이 자꾸 나무들의 묘목을 뜯어먹어서 꿀벌

로 바꾸었다는 거야. 양치기 노인은 전쟁이 한창 벌어지고 있는 중에도 꿋꿋이 나무만을 계속 심었던 거지.

산은 온통 떡갈나무의 푸른 잎으로 울창했어. 10년 전에 심었던 도토리가 뿌리를 내려 벌써 내 키보다 훨씬 더 크게 자라난 것이야. 나는 이 놀라운 광경을 보고 할 말을 잃었단다. 너무나도 감동해서 눈물이 나올 정도였다고.

나는 하루 종일 숲속을 돌아다녔어. 숲은 길이가 11킬로미터나 되었고 폭도 3킬로미터 정도였어. 믿을 수가 있겠니? 전쟁으로 모든 것이 파괴되어 버렸는데 이 양치기 노인 혼자서 이토록 엄청난 일을 해낸 거야.

숲에는 떡갈나무뿐만이 아니야. 너도밤나무도 내 어깨 높이만큼 자라나 있었고, 자작나무도 울창하게 들어서 있었어. 그리고 더욱 놀란 것은 물 한 모금 찾을 수 없었던 이곳에 시원한 시냇물이 졸졸졸 흐르고 있었던 거야.

> 너도밤나무 : 참나무과 낙엽 활엽 교목. 잎은 달걀모양이고 물결무늬 톱니가 있다. 열매는 견과로 10월에 익는다
> 자작나무 : 자작나무과 낙엽 활엽 교목. 나무껍질은 흰색이며 종이처럼 벗겨진다. 잎은 어긋나고 삼각형 모양이다

아무도 살 수 없던 황무지가 이제는 낙원으로 변해 있었어. 나무가 점점 자라나면서 시냇물도 다시 흐르게 되었고 산토끼와 멧돼지 같은 짐승들도 다시 찾아들었어. 그리고 사람들도 하나 둘씩 모여들어 채소밭도 가꾸고 목장도 만들었지. 그런데 아무도 양치기 노인 혼자서 이 모든 것을 이루어 놓았다는 것을 알지 못해. 조금씩 변하면서 찾아온 이 새로운 세상이 저절로 된 줄로 알고 있을 뿐이야.

여기서 우리가 잊어선 안 될 것이 있어. 울창한 숲, 상쾌한 바람, 아름다운 시냇물, 이 낙원이 탄생하기까지는 양치기 노인의 쓰라린 고통과 절망이 있었다는 거야.

> 절망 : 희망을 끊어버림

어느 해 양치기 노인은 1만 그루의 단풍나무를 심었었지. 그런데 한 그루도 남지 않고 모두 죽어 버렸어. 노인은 세상이 무너지는 듯한 절망에 빠지게 되었지. 그러나 노인은 다시 일어났어. 단풍나무는 이곳 토질에 맞지 않는다고 생각하고는 그 다음 해에는 너도밤나무를 1만 그루 심은 거야. 물론 너도밤나무는 아주 잘 자라 주었어. 양치기 노인의 절망과 고통이 밑거름이 되어 숲이 울창해진 거야.

> 토질 : 흙의 성질
> 울창하다 : 나무가 빽빽하게 우거지고 푸르다

그 이후 나는 매년마다 양치기 노인을 찾아갔어. 세월이 흐르면서 노인도 많이 늙어갔지만 나무 심는 일은 그치지 않았어. 언제부터인지 귀신이 나올 것 같은 마을에도 사람들이 모여 살기 시작했지. 특히 젊은 부부들은 마당에다 꽃밭

을 만들었어. 장미와 금어초, 셀러리와 아네모네……. 어느 집이나 들어가 살고 싶은 집뿐이었다고.

    이제 내 얘기를 끝내기로 하자.
    한 사람의 양치기 노인이 사람이 살 수 없는 황무지를 오늘의 낙원으로 만들었다는 사실을 우리 모두 꼭 기억하면서……. 그러기에 인간은 위대하다는 것을 우리 모두 생각하면서…….
    아, 잊을 뻔했구나. 양치기 노인은 오래오래 사시다가 한 양로원에서 편안하게 돌아가셨단다.

양로원 : 의지할 곳 없는 노인을 모아 돌보는 시설

1 글쓴이는 어떻게 나무를 심은 사람을 알게 되었습니까?

2 양치기 노인은 황무지에서 어떤 일을 하였습니까?

3 양치기 노인은 어떤 마음으로 나무를 심었겠습니까?

4 양치기 노인 덕분에 황무지가 낙원으로 변했어요. 황무지였을 때와 낙원이 되었을 때를 비교하여 보세요.

	황무지	낙원
자연의 모습		
사람들의 생활 모습		

1 '황무지에 사는 것은 너무 고통스러워.'

> 황무지에는 나무 한 그루 없어 햇볕이 너무 따갑고 바람이 불면 흙먼지가 날려서 살기가 어려웠어요.

😊 황무지에서 숯을 구워 파는 남자의 아내가 되어 생활의 어려움을 호소해 보세요.

....

....

....

2 '낙원에서 영원히 살고 싶어요.'

> 양치기 노인이 심은 나무는 멋진 숲이 되고, 맑은 물이 졸졸 흐르는 숲 골짜기에는 동물들이 뛰어놀았어요.

😊 낙원에서 사는 사람이 되어 아름다운 이곳에 사는 것이 얼마나 기쁜 일인지 시를 한 수 지어서 낭송해 보세요.

....

....

....

....

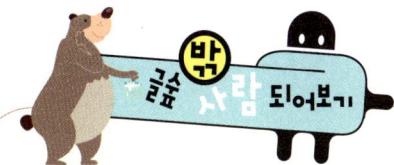

1 자기 자신을 위해 좋은 음식을 먹고, 좋은 옷을 입고, 좋은 집만을 골라서 사는 사람과 양치기 노인처럼 남을 위해 일생을 바치는 사람 중 어떤 사람이 더 행복할까 생각해 보고 자신의 생각을 이유를 들어 적어 보세요.

2 우리 주변에는 훌륭한 일을 해낸 사람이나 보람있는 삶을 사는 아름다운 사람들이 많이 있지요. 내 주변에서 존경하고 싶은 인물은 누구이며 왜 존경하는지 적어 보세요.

가. 존경하는 인물	
나. 존경하고 싶은 이유	

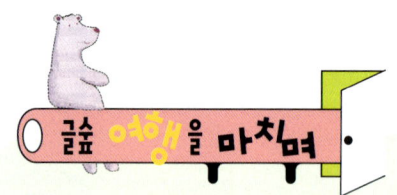
글숲 여행을 마치며

🔎 나만의 나무를 한 그루 정해서 심고 가꾸면 참으로 즐거운 일이겠지요? 나는 어떤 나무를 심고 싶은지 그려 보고 나무와 어떤 우정을 쌓고 싶은지 적어 보세요.

내가 심고 싶은 나무 그리기	
나무에게 지어주고 싶은 이름	
내가 나무에게 해주고 싶은 것	
나무가 나에게 해주기를 원하는 것	

3. 사라, 버스를 타다

1. 내가 알고 있는 다양한 피부색을 써 보세요.

2. 오늘날 지구상에서 벌어지고 있는 인종차별에 대해 책을 읽었거나 남들에게 들은 이야기가 있으면 적어 보세요.

3. 혹시 여러분이 남들에게 차별을 당한 경험이 있었거나 주변 사람들 중 차별 당하는 모습을 본 적이 있으면 적어 보세요.

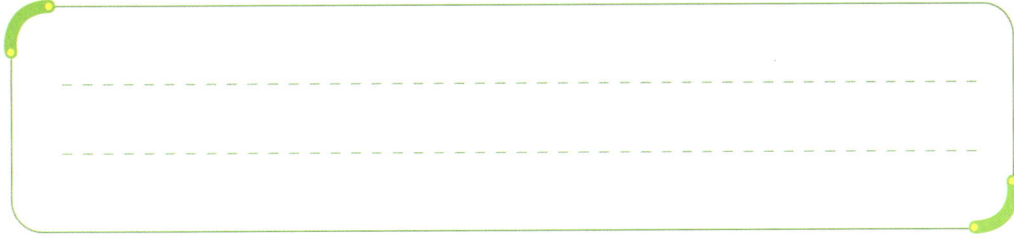

구연동화를 QR로 확인하세요.

사라에게 일어난 사건의 순서를 생각하며 다음 글을 읽어 봅시다.

사라, 버스를 타다

1950년대 미국사회의 흑인들의 민권 운동을 다룬 이야기

아침마다 사라는 엄마와 함께 버스를 탔습니다. 언제나 백인들과는 구분되어 뒷자리에 앉았지요. 고개를 돌려 자기를 쳐다보는 백인 아이들에게 사라는 얼굴을 찡그려 보였습니다. 백인 아이들도 얼굴을 찡그리며 웃어댔습니다. 그러다가 엄마들에게 잔소리를 들은 뒤에야 바로 앉았습니다.

백인 : 백색인종에 속한 사람. 날 때부터 살과 털빛이 아주 하얀 사람

"언제나 이래 왔단다. 자리에 앉아 있는 것만으로도 만족해야지."

엄마는 사라보다 먼저 내렸습니다. 사라는 혼자서 학교로 가고, 엄마는 백인들의 부엌에서 일을 했습니다. 엄마를 생각하면 사라는 마음이 아팠습니다. 엄마는 주말도 없이 하루 종일 일했지만 신발 한 켤레, 새 옷 한 벌 사 입을 형편도 못 되었습니다.

어느 날 아침, 사라는 버스 앞쪽 자리가 얼마나 좋은 곳인지 알아보기로 마음먹었습니다. 사라는 자리에서 일어나 좁은 통로로 걸어 나갔습니다. 별다른 것도 없어 보였습니다. 창문은 똑같이 지저분했고 버스의 소음도 똑같이 시끄러웠습니다. 뭐가 그리 대단하다는 걸까요?

백인 아주머니가 물었습니다.

"왜 그리 두리번거리니, 꼬마야?"

"뭐 특별한 게 있는지 알아보고 싶어서요."

아주머니가 말했습니다.

"네 자리로 돌아가는 게 좋겠구나."

모두들 사라를 쳐다보았습니다. 사라는 엄마를 떠올렸습니다. 하루가 끝날 무렵 엄마는 얼마나 고단해 보였던지요.

사라는 계속 나아갔습니다. 앞쪽 끝까지 가서 운전기사 옆자리에 앉았습니다.

사라는 운전기사가 기어를 바꾸고 두 손으로 커다란 핸들을 돌리는 것을 지켜보았습니다. 운전기사가 성난 얼굴로 사라를 쏘아보았습니다.

기어 : 속도나 운동의 방향을 바꾸는 데 쓰이는 여러 개의 톱니바퀴로 조합된 기계 장치

"꼬마 아가씨, 뒤로 가서 앉아라. 너도 알다시피 늘 그래 왔잖니."

사라는 그대로 앉은 채, 속으로 말했습니다.

"뒷자리로 돌아갈 아무런 이유도 없어!"

버스 운전기사는 뭐라고 중얼거리더니 브레이크를 밟았습니다. 버스가 끼이익 소리를 내며 갑자기 멈춰 섰습니다.

브레이크 : 차량이나 기계 등의 운동을 정지시키거나 속력을 떨어뜨리는 장치

"규칙을 따르지 못하겠다면 이제부턴 걸어가거라."

운전기사가 덜컹 소리를 내며 문을 당겨 열었습니다. 사라는 외롭고 무서웠습니다. 사라 생각에 버스에서 내리는 것도, 학교까지 걸어가는 것도 그리 어려운 일은 아니었습니다. 하지만 걷기엔 꽤 먼 길이었지요. 다른 아이들은 아무도 그러지 않는데 왜 사라만 걸어가야 하나요? 사라는 작지만 당당한 목소리로 말했습니다.

당당한 : 남 앞에 내세울 만큼 모습이나 태도가 떳떳한

"문 닫으셔도 돼요. 전 학교까지 타고 가겠어요."

운전기사는 자리에서 일어나 쿵쾅거리며 계단을 내려갔습니다. 버스 안에 있던 백인들이 화를 내며 소리쳤습니다.

"빨리 가자고! 이러다 지각하겠어."

운전기사는 경찰관과 함께 돌아왔습니다.

사라는 가슴이 콩닥거렸습니다.

콩닥거리다 : 심리적인 충격을 받아 가슴이 자꾸 세차게 뛰다

"아무 일도 없어요."

"법이 뭔지 너도 알 게다. 그렇지?"

"그럼요. 학교에서 배웠어요."

경찰관이 살짝 웃으며 말했습니다.

"아무렴, 법에는 말이다. 너희 같은 사람들은 버스 뒷자리에 앉아야 한다고 나와 있단다. 그래서 말인데, 법을 어기고 싶지 않다면 네 자리로 돌아가거라."

밖에 사람들이 모여들기 시작했습니다. 사람들은 흥분하여 큰 소리로 외쳤습니다. 몇몇은 사라에게 욕을 했지만 몇몇은 사라를 응원했습니다.

한 남자가 소리쳤습니다.

"일어나지 마라. 그 자리는 네 피부색과는 아무 상관이 없어."

경찰관이 안타깝다는 듯 고개를 절레절레 흔들더니 사라를 번쩍 올렸습니다. 그러고는 사람들 사이를 지나 경찰서로 향했습니다.
절레절레 : 머리를 좌우로 자꾸 흔드는 모양

사라는 울기 시작했습니다.

"날 감옥으로 보낼 건가요?"

경찰관은 아무 말도 하지 않았습니다. 하지만 사람들은 더 크게 소리를 질러 댔습니다.

한 부인이 소리쳤습니다.

"용기를 내!"

그러자 다른 사람이 되받아쳤습니다.

"콩밥을 먹어 봐야 정신을 차리지."
콩밥을 먹어봐야 : 감옥에 가면 의례 콩밥을 주기 때문에 감옥을 간다는 의미로 쓰임

경찰관이 엄마에게 전화를 하는 동안 사라는 커다란 책상 앞에 앉아 있었습니다. 키가 큰 남자가 사진기를 들고 와 사라를 찍었습니다.

"신문사에서 왔단다. 용기 있는 행동을 한 사람에 대한 기사를 쓰고 있어."
기사 : 신문이나 잡지 따위에서 어떠한 사실을 알리는 글

남자의 말에 경찰관이 크고 거친 손으로 사라의 등을 토닥이며 대꾸했습니다.

"꼬맹이가 잠시 헷갈렸을 뿐이오."

사라에 대한 이야기는 빠르게 퍼져 나갔습니다. 많은 사람들이 사라를 보러 왔습니다. 누군가 사라에게 초콜릿 과자를 갖다 주었습니다. 사라는 과자를 한입 베어 물고 나서야 자기가 얼마나 배고팠는지를 깨달았습니다.

과자를 반쯤 먹었을 때 엄마가 왔습니다. 엄마가 손을 내밀며 말했습니다.

"가자, 경찰들이 진짜 범죄자들을 잡으러 가야 할 때인 것 같구나."

경찰관이 사라와 엄마의 뒤통수에 대고 소리쳤습니다.
뒤통수 : 머리의 뒷부분

"앞으로 당신 딸이 어디에 앉아야 하는지 단단히 일러 주시오!"

밖으로 나오자 신문 기자가 사라의 사진을 좀 더 찍고는 잘 가라고 손을 흔들어 주었습니다.

사라가 엄마와 함께 사람들 사이를 헤치고 나아가며 말했습니다.

"미안해요, 엄마. 말썽을 일으키려던 건 아니었어요. 그냥 뭐가 그리 특별한지 알고 싶었을 뿐이에요."

"괜찮다. 넌 아무것도 잘못한 게 없어."

사라와 엄마는 아무 말 없이 집으로 걸어갔습니다.

그날 밤 엄마는 사라의 방으로 들어와 사라를 안아 주었습니다.

"사라야, 엄만 너한테 화나지 않았어. 넌 세상의 어떤 백인 아이 못지않게 착한 아이란다. 너는 특별한 아이야."

특별한 아이 : 보통 아이와 구별되는 아이

사라는 몹시 혼란스러웠습니다.

"그런데 왜 나는 버스 앞자리에 타면 안 되나요?"

"법이 그렇기 때문이야. 법이라고 다 좋은 건 아니지만 말이다."

사라가 엄마의 피곤한 눈을 올려다보며 물었습니다.

"법은 절대 바뀌지 않나요?"

엄마는 부드럽게 대답했습니다.

"언젠가는 바뀌겠지."

이튿날 아침, 엄마는 사라에게 버스를 타는 대신 걸어가는 게 어떻겠냐고 물었습니다. 엄마는 웃으려 애를 썼지만, 사라는 엄마의 눈에 고인 눈물을 보았습니다.

"어쨌든 날씨가 그리 춥진 않구나. 하느님은 우리에게 낡은 버스가 아니라 두 다리를 주셨어. 그렇지?"

"맞아요, 엄마. 난 걷는 게 좋아요. 얼마든지요."

둘은 정류장을 천천히 지나갔습니다. 사람들이 고개를 돌려 수근거렸습니다.

사라 또래의 사내아이 하나가 신문과 연필을 가지고 뛰어왔습니다.

"사인 좀 해 줄래?"

사인 : 자기만의 독특한 방법으로 자신의 이름을 적음

엄마가 소년한테서 신문을 받아들고는 싱긋 웃었습니다.

"우리 딸이 영웅이라도 된 것 같구나."

사라는 신문 첫 장에 난 자신의 사진을 보고 몹시 쑥스러웠습니다.

"엄마, 얼른 가요."

사라가 엄마를 재촉했지만 이미 늦은 뒤였습니다. 흑인이고 백인이고 할 것 없이 많은 사람들이 몰려와 사라에게 악수를 청했습니다. 신문 기자가 또다시 사진을 찍으러 왔습니다.

사람들은 사라를 뒤따라 걸었습니다. 사라는 마음이 뿌듯해졌습니다.
뿌듯하다 : 기쁨이나 감격이 마음에 가득 차서 벅차다
엄마가 말했습니다.
"웃어도 괜찮아. 넌 특별한 아이잖니."
그날은 어떤 흑인도 버스를 타지 않았습니다. 그 다음 날도 마찬가지였습니다.

버스 회사는 당황했습니다. 시장도 어쩔 줄 몰라 했습니다. 그리하여 사람들은 끝내 법을 바꾸었습니다.

백인과 흑인은 같은 식당을 이용하지 못하게 하거나 버스 좌석 등에 장소를 구별하여 앉는다는 흑인차별법

버스 운전기사가 문을 열어주며 말했습니다.

"올라타시죠, 꼬마 아가씨."

사라는 자리에 앉기 전에 뒤돌아 엄마를 쳐다봤습니다. 평소와 똑같은 외투와 똑같은 신발 차림이었습니다. 몇 년 동안 입고 신어 온 것들이지요. 하지만 오늘 엄마는 뭔가 달라 보였습니다. 자랑과 행복이 두 눈에 가득했습니다.

엄마가 말했습니다.

"무얼 머뭇거리니, 사라? 그 자리에 앉을 자격이 있는 사람은 바로 우리 딸인데."

버스 운전기사가 사라를 쳐다보았습니다. 버스에 있는 모든 사람들이 사라를 쳐다보았습니다.

"아니에요, 엄마. 이 자리는 바로 엄마의 자리예요!"

엄마가 활짝 웃었습니다. 사라와 엄마는 함께 자리에 앉았습니다.

버스가 도시를 가로지르며 달리기 시작했습니다.

1 사라가 버스의 앞쪽에 앉은 까닭은 무엇입니까?

2 사라가 뒷자리로 돌아가지 않자 버스 운전기사는 어떻게 하였습니까?

3 어머니께서는 왜 사라에게 버스를 타는 대신 걸어가자고 하셨습니까?

4 '흑인은 버스의 뒷자리에 앉아야 한다'는 법은 결국 어떻게 되었습니까?

1. '인종차별에 화가 난 사라'

흑인인 사라는 백인 친구와는 놀 수도 없고 버스를 탈 때에도 뒷자리에 앉아야만 하는 현실에 무척 화가 났어요.

😊 사라가 되어 이런 강요를 백인들이 스스로 바꾸도록 설득하는 말을 써 보세요.

....

....

....

2. '어린 소녀, 큰일을 해내다.'

사라의 버스 안에서의 행동은 백인들에게 억울하게 차별을 당하고도 아무 말도 못하고 살아온 사람들에게 큰 화제가 되었어요.

😊 신문기자가 되어 이 사건을 신문기사로 써 보세요.

....

....

....

3. 사라, 버스를 타다

1 운전기사가 사라에게 뒷자리에 앉기를 강요하다가 말을 듣지 않자 사라를 경찰서에 넘겼어요. 운전기사의 이런 행동에 대해 어떤 생각이 드는지 써 보세요.

2 오늘 급식시간에 내가 싫어하는 음식이 나왔습니다. 담임 선생님께서 급식을 남기지 말고 다 먹도록 지도하시며, 음식을 남긴 사람들은 청소당번이 되도록 하신다면 나의 기분은 어떨까요? 선생님의 급식지도 방식에 대한 나의 의견은 어떠한지 적어 보고 친구들과 토론해 보세요.

글숲 여행을 마치며

1950년대 미국에 사는 흑인들은 흑인차별법 때문에 언제 어디를 가든지 사람다운 대접을 받지 못하고 무시당하는 것이 서럽고 고통스러워서 백인들의 마음을 돌릴 광고전단지를 만들어 길거리에 뿌리기로 하였어요.

자, 여러분이 광고디자이너가 되어 흑인차별법을 폐지시키고 흑인들의 인권을 보장하자는 내용의 광고전단지를 만들어 보세요.

3. 사라, 버스를 타다

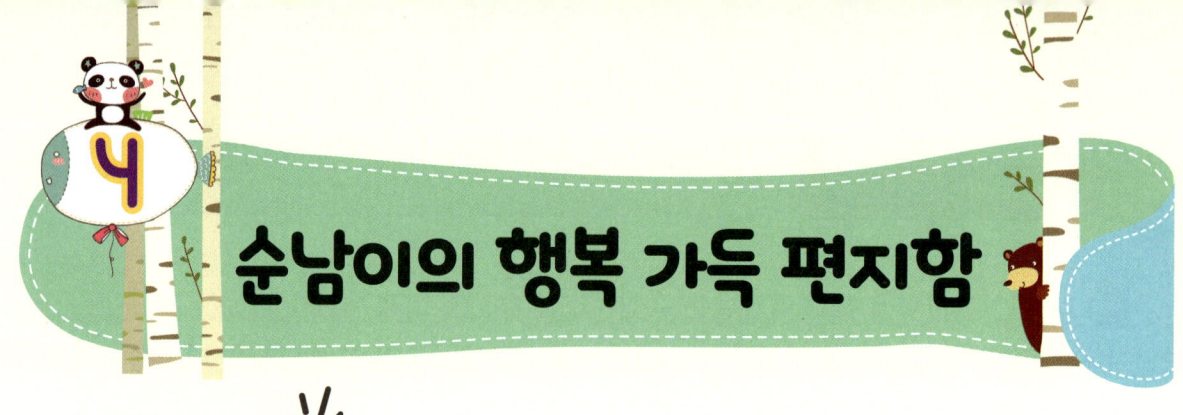

4 순남이의 행복 가득 편지함

 1. 거짓말을 해 본 적이 있나요? 언제 어떤 일로 거짓말을 했고 어떤 결과가 왔는지, 나의 경험담이나 남에게서 들은 이야기를 적어 봅시다.

거짓말을 하게 된 상황	거짓말을 하여 생긴 결과

2. 내 마음속에 하고 싶은 이야기가 가득 쌓일 때 나는 주로 누구에게 나의 속마음을 털어놓는지 생각해 보고 자신의 경험을 적어 봅시다.

말하고 싶었던 내용	
이야기를 들어준 사람	
이야기를 들어준 사람의 반응	
이야기를 다하고 난 후 나의 느낌	

구연동화를 QR로 확인하세요.

소극적이고 내성적이던 순남이는 전자우편을 보내는 방법을 배우면서 문득 동화책에서 보았던 동화 작가의 메일주소로 편지를 보냅니다. 순남이는 자신을 숨기고 반에서 가장 인기가 많던 혜민이의 이름을 빌어 동화작가와 편지를 주고받는데 이를 행복해하면서도 거짓말을 하였다는 생각에 늘 마음이 무겁습니다. 그러던 어느 날, 순남이가 거짓말을 하였다는 것을 알게 된 동화작가는 순남이에게 편지를 보내고, 그 편지를 읽은 순남이는 이제껏 자신이 생각하지 못하였던 것을 되돌아봅니다. 순남이의 마음의 변화를 생각하면서 순남이의 행복 가득 편지함을 읽어 봅시다.

순남이의 행복 가득 편지함

동화작가 선생님의 편지

동화작가 : 어린이를 위하여 동심을 바탕으로 한 이야기를 쓰는 사람

귀여운 독재자 친구에게

독재자 : 모든 일을 독단적으로 판단하여 처리하는 사람

안녕. 반가워! 독재자 친구!

독재자라니! 처음엔 얼마나 어리둥절했는지 모른단다. 가만 보니까 독자란 말과 독재자란 말이 헷갈린 것 같아. 내 말이 맞지? 그렇다고 너무 창피해하지 마. 그럴 수도 있지 뭐.

내 책을 그렇게 재미있게 읽었다니 정말 영광이야. 네가 보낸 메일을 보고 얼마나 행복했는지 모른단다. 그래서 몇 번이나 읽고 또 읽었어. 왜냐면 이번이 처음이거든. 내 이름으로 동화책을 낸 것도. 그리고 내 책을 읽은 아이한테 메일을 받는 것도 말이야.

책 앞에 메일 주소를 넣긴 했는데 누가 정말 내 책을 읽고 메일을 보낼까 했었거든. 네 메일을 읽고 나서 메일 주소 넣기를 참 잘했다고 생각했어. 그런데 네 이름을 알 수 없어서 참 섭섭했단다.

아무튼 네 메일 받고 나서 얼마나 기운이 났는지 몰라. 앞으로 더 열심히 노력해서 좋은 글을 쓰도록 할게. 정말 고마워. 그리고 다음엔 이름도 꼭 알려줘. 그럼 안녕!

이혜숙

순남이의 편지

이혜숙 선생님께

안녕하세요? 답장을 보내 주셔서 정말 고맙습니다. 답장이 올 거라고는 생각하지 못했어요. 얼마나 기쁜지 꼭 꿈을 꾸는 것 같아요. 제가 선생님께 메일을 보낸 첫 번째 아이라니 저도 참 기뻐요.

그런데 선생님 메일을 읽으며 창피해서 혼났어요. 독자를 독재자로 잘못 쓰다니, 그것도 모자라 제 이름까지 쓰지 않았다니 너무 창피해요. 참, 제 이름은 박혜민이에요. 선생님, 이번에도 꼭 답장을 보내주실 거죠? 그럼 안녕히 계세요.

창피하다 : 체면이 깎이거나 떳떳하지 못한 일로 부끄럽다

선생님을 존경하는 혜민 올림

(※박혜민-순남이네 반에서 가장 공부 잘하고 인기 많은 친구)

동화작가 선생님의 편지

혜민이 메일을 보니까 남자 애들이 좋아하는 여자 애를 놀리는 건 예나 지금이나 똑같나 보네. 선생님 어렸을 때 우리 반 남자 애들도 그랬는데. 아마 쑥스러워서 그럴 거야. 좋아한다고 말하기 쑥스러워서. 혜민이 네가 이해해 줘라. 그럼 순남이란 그 아이는 친구가 아무도 없다는 말이니? 왜 그럴까? 왜 아무하고도 말을 안 할까? 아마 무슨 사정이 있겠지……. 이건 내 생각인데 혜민이 네가 한번 말을 먼저 걸어보면 어떨까? 혜민이는 순남이를 딱하게 생각하나 본데, 혜민이가 말도 걸어주고 친구도 돼주고 그럼 좋잖아.

혜민이 꿈이 나처럼 작가가 되는 거라고? 아이고, 그건 좋은데 난 아직 훌륭한 작가가 아니야. 이제 겨우 첫 동화책을 낸 병아리 작가지! 선생님도 훌륭한 작가가 되는 게 꿈이거든. 앞으로 같이 노력하면 되겠다.

작가 : 문학작품, 사진, 그림, 조각 따위의 예술품을 창작하는 사람

순남이의 편지

순남이는 학급문고를 가장 열심히 봐요. 제가 학급문고를 맡고 있는데요. 지난번부터 다 읽은 책을 또 빌려 가려잖아요. 그래서 집에 있는 책을 가져다주었어요. 제가 말을 걸면서 책을 주니까 얼마나 놀라던지.

저도 책 읽는 것을 아주 좋아해요. 재미있는 책은 한꺼번에 다 읽기가 아까워서 일부러 나눠서 읽어요. 날마다 조금씩이요. 그래서 얇은 책은 싫어요. 금방 다 읽어버리니까요. 세상에 있는 모든 책은 다 두꺼웠으면 좋겠어요.

새 책을 빌려 온 날은 청소도 깨끗이 해요. 깨끗한 방에서 읽고 싶거든요.

동화작가 선생님의 편지

혜민이가 순남이에게 말을 걸었다고? 게다가 책까지 빌려주었다니. 순남이가 정말 깜짝 놀랐겠구나. 잘했어.

순남이도 책을 무척 좋아하나 보지? 학급문고 책을 다 읽고 또 본다니 말이야. 그런데 다 본 책을 또 빌리는 걸 보니 순남이네 집에는 책이 별로 없나보다. 이왕 빌려주기 시작했으니 앞으로도 계속 빌려주렴. 이번 기회에 둘이 좋은 친구가 될 수도 있잖아.

학급문고 : 각 학급에 비치하여 둔 도서. 또는 그 도서를 모아둔 곳

그런데 혜민이가 나랑 똑같아. 나도 어렸을 때 두꺼운 책은 오래 볼 수 있어서 좋았어. 재미있는 책을 일부러 아주 천천히 보고 말이야. 세상의 책이 다 두꺼웠으면 좋겠다고? 후후, 책 읽는 것을 싫어하는 아이들은 그러면 정말 끔찍할 거야. 그치?

순남이의 편지

순남이도 작가가 꿈이래요. 우리는 둘 다 꿈이 같아요. 그래서 제가 엄마한테 들은 이야기를 순남이한테 해줬거든요. 작가가 되려면 대학교에, 그러니까 문예창작과라는 곳에 가야 한다고요. 거기 가면 훌륭한 소설가, 시인 교수님한테 글 쓰는 걸 배운다고 말이에요. 우리 둘이 나중에 같이 가자고 했어요.

문예창작과 : 대학에서 문학과 예술의 창작에 대한 방법과 이론을 전공하는 학과

그런데요…… 이건 순남이가 걱정하는 건데요. 작가가 되려면 꼭 문예창작과

에 가야 하나요? 거길 못 가면 작가가 될 수 없나요? 순남이는 집안 형편이 어려워서 대학에 갈 수 없을지도 모른대요. 그래서 자기는 작가가 될 수 없을 거라고 걱정하는 것 같아요.

집안 형편 : 집안 살림의 수입과 지출의 상태

동화작가 선생님의 편지

순남이랑 무척 친해졌나 보구나. 게다가 둘이 똑같이 작가가 되는 게 꿈이라니 마음이 아주 잘 맞겠다.

그런데 순남이가 대학교에 못 갈 것 같아 걱정한다고? 그럼 꼭 이 말을 전해 줘. 대학에 안 가도 얼마든지 좋은 작가가 될 수 있다고 말이야.

물론 혜민이 말대로 문예창작과에서 이름난 교수님들한테 배우면 좋겠지. 하지만 모든 훌륭한 작가들이 대학을 나온 건 아니고 나도 문예창작과에서 공부하지 않았어. 그러니까 순남이에게 걱정하지 말고 열심히 노력하라고 하렴. 그리고 좋은 작가가 되려면 먼저 좋은 책을 많이 읽어서 자기 생각을 쑥쑥 키워야 해. 그러니 순남이한테 앞으로도 지금처럼 책을 열심히 보라고 해 줘.

자기 생각 : 남들의 이목을 고려하지 않고 자기만의 관점에 의거한 독특한 생각

참, 혜민이처럼 이렇게 누군가에게 자기 마음을 잘 담은 편지를 쓰는 것도 좋은 글쓰기 연습이라고 말해 주렴.

순남이의 편지

오늘은 동생 때문에 얼마나 놀랐는지 몰라요. 제가 친구네 놀러 갔다가 좀 늦게 집에 왔거든요. 열쇠를 잃어버려서 집에 못 들어오고, 저 기다린다고 학교 앞에 가 있었대요. 얼마나 놀랐는지……. 제 동생은…… 저밖에 모르거든요.

동생을 찾는 동안 온갖 생각이 다 들었어요. 지금도 오늘 일만 생각하면 가슴이 두근거려요.

동화작가 선생님의 편지

저런, 동생 때문에 많이 놀랐겠구나. 내 동생도 어렸을 때 그런 적이 있었는데. 온 식구가 다 찾아 나서고 야단이 났었지. 아무 일 없었다니 정말 다행이다. 그

런데 혜민이가 동생을 아주 잘 챙겨 주나 보네. 엄마가 있었는데 언니밖에 모른다니 말야. 참 순남이랑 잘 지내지?

순남이의 편지

선생님, 저 순남이네 집에 놀러 갔다 왔어요. 순남이는 엄마가 없대요. 병으로 돌아가셨대요. 그래서 순남이가 동생도 돌보고 집안일도 다 한대요. 순남이네 집은 반지하여서 햇볕도 잘 안 들어요.

반지하 : 건축물에서, 절반쯤이 지면 아래에 있는 공간

순남이가 학교에서 말을 잘 하지 않는 건 아이들과 함께 할 수 있는 게 없어서래요. 아이들이 뭘 먹으러 갈 때도, 어딜 가자고 할 때도, 생일날 선물을 해야 할 때도, 순남이는 늘 곤란했대요.

그래서 순남이는 아예 친구 같은 건 없어도 된다고 생각하기로 한 거래요. 책을 좋아하는 이유도 책을 읽으면 행복한 상상을 할 수 있어서래요.

순남이 동생 순영이도 친구가 없대요. 순남이는 동생이 자기처럼 되는 건 싫대요. 그래서 저를 집에 부른 거래요.

동화작가 선생님의 편지

혜민이는 순남이가 정말 좋은가 보구나. 자기 이야기는 하나도 하지 않고 온통 순남이 이야기뿐이네. 순남이네 집에 다녀와서 느낀 게 아주 많았구나. 순남이 이야기를 들으니 선생님 마음도 아프다.

선생님도 어렸을 때 집이 그리 넉넉하지 않았거든. 그래서 순남이처럼 곤란했던 적이 많았어. 그래도 순남이는 이제 좋겠다. 혜민이처럼 좋은 친구가 생겼으니.

앞으로는 혜민이가 순남이랑 더 친하게 지내야겠구나. 집에도 자주 놀러가고 언니가 친구 하나 없이 책만 보니까 순영이도 언니를 따라가는 건지 몰라. 그러니까 혜민이가 순남이랑 친하게 지내는 모습을 보여 주렴.

순남이의 편지

선생님, 저 상 탔어요. 수학 경시대회에 나가서 1등도 했고요. 통일을 주제로

한 글짓기 대회에서도 장원했어요.

※ 박혜민이 수학경시대회에서 1등을 하고 글짓기 대회에서 장원을 함

순남이의 편지

선생님, 제가 상 받아요. 제가 우리 학교 독서왕으로 뽑혔거든요. 교장 선생님께서 직접 뽑아 주신 거래요. 아이들이 얼마나 부러워하는지 몰라요. 저더러 책벌레래요. 또 어떤 아이는 책공주라고 놀리기도 해요. 하지만 뭐라고 그래도 기분이 좋아요.

도서관 문을 다시 여는 날, 전교생이 보는 데서 상을 받는대요. 아빠도 이 이야기를 들으면 깜짝 놀라실 거예요. 하지만 상 받는 날까지 비밀로 할래요. 상장을 보면 어떤 얼굴이 되실지 상상만 해도 웃음이 나요. 오늘은 정말 행복한 날이에요.

동화작가 선생님의 편지

세상에, 또 상을 받았다고? 혜민이는 진짜 대단하구나. 상이란 상은 모두 다 받으니 말이야.

아이들이 부러워할 만도 하다. 책벌레는 흔한 별명이지만 책공주라니 정말 재미있는 별명이네. 그런데 여태까지 받은 상 가운데 이번 상이 제일 좋은가 보지? 마치 상을 처음 받는 것처럼 좋아하니 말이야. 아빠만 좋아하시겠니? 엄마도 좋아하시겠지. 정말 축하해.

책벌레 : 지나치게 책을 읽거나 공부하는 데만 열중하는 사람을 놀림조로 이르는 말

순남이의 편지

선생님, 안녕하세요? 그동안 너무 바빠서 메일을 못 보냈어요. 그런데…… 선생님, 앞으로는 이렇게 메일을 보내지 못할 것 같아요. 저희 집이 외국으로 이사를 가게 됐거든요. 그동안 선생님이 보내주신 메일을 보며 무척 행복했습니다. 그리고 정말 감사했습니다. 앞으로도 책 열심히 읽고 또 훌륭한 작가가 되도록 노력하겠습니다.

선생님 그럼 안녕히 계세요.

동화작가 선생님의 편지

혜민아, 잘 지내고 있니? 혹시 어디 아픈 건 아니지? 다음 달에 내 두 번째 책이 나오는데 첫 번째 독자인 네게 제일 먼저 보내고 싶단다. 독서왕이 된 거 축하도 할 겸 말이야. 메일 보는 대로 주소를 가르쳐 주렴. 그럼 책이 나오는 대로 보내 줄게. 책 읽고 나서 어땠는지도 꼭 이야기해 주기다.

순남이의 편지

선생님, 정말 고맙습니다. 어젯밤에는 너무 좋아서 잠을 못 잤어요. 선생님께서 보내 주신 책은 죽을 때까지 간직할 거예요. 정말 고맙습니다. 저희 집 주소는…….

순남이가 혜민이에게 보내고 싶었으나 부치지 못한 편지 1

혜민아, 미안해. 처음부터 그러려고 했던 건 아냐. 나도 모르게……. 내 이름이 창피해서 네 이름으로 쓰다보니까 나도 모르게 그렇게 된 거야. 네가 부러워서…….

내가 너였으면 좋겠다고 생각하면서 나도 모르게 그렇게 됐어. 미안해. 네가 날 거짓말쟁이로 생각해도 괜찮아. 앞으로 나랑 다시 말 안 해도 괜찮아. 모두 내 탓이니까.

거짓말쟁이 : 거짓말을 잘 하는 사람

순남이가 혜민이에게 보내고 싶었으나 부치지 못한 편지 2

미안해. 처음엔 그냥 네 이름만 빌려 쓰려고 했어. 순남이란 내 이름이 촌스러운 것 같아서. 그런데 쓰다 보니까 선생님한테 내 이야기를 쓸 게 없었어. 자랑할 것도 없고 친구도 없고……. 넌 친구도 많고 공부도 잘하고 뭐든 잘해서 네가 부러웠어.

촌스럽다 : 어울린 맛과 세련됨이 없이 어수룩한 데가 있다

동화작가 선생님의 편지

혜민아, 책이 되돌아왔어. 그새 이사라도 간 거니? 예정했던 것보다 책이 너무 늦게 나왔단다. 너한테 메일이라도 보냈어야 했는데, 많이 기다렸지? 그동안 멀리 여행을 좀 다녀왔거든. 갑자기 가게 돼서 정신이 없었어.

> 정신이 없다 : 사리를 분별하지 못하다.

며칠 전에 책도 나오고, 나도 마침 여행에서 돌아와 너한테 바로 부쳤는데 이상하게 되돌아왔네. 그런 사람이 안 산다고 말이야. 다행히 등기로 부쳐서 책이 나한테 되돌아오기는 했는데……. 등기로 부치면 받는 사람한테 정확히 전해 주거든. 안 그러면 중간에서 그냥 없어지는 경우도 종종 생겨서. 아무튼 주소를 다시 가르쳐 줄래? 메일 보는 대로 연락주렴. 그럼 기다릴게.

동화작가 선생님의 편지

진짜 혜민이한테 메일을 받고 나서 생각 많이 했단다. 생각하면서 그동안 네가 보냈던 메일들을 받은 편지함에서 다시 찾아 모두 읽어 봤어.

난 아이들이 보낸 메일을 하나도 지우지 않고 보관하거든. 솔직히 진짜 메일을 읽었을 때는 좀 당황했어. 어떤 고약한 녀석이 장난을 쳤을까 하는 생각도 들었고 기분이 나쁘기도 했단다.

하지만 네가 보낸 메일들을 찬찬히 다시 읽어 보니까 온통 거짓말만 있는 게 아니란 생각이 들었어. 그 속에서 진짜 네 모습이 어렴풋이 느껴졌거든. 그래서 네가 어떤 아이인지 조금씩 보이기 시작했어.

그러고 보면 나도 좋은 작가가 될 자격이 부족한가 봐. 네가 딴 아이 이야기를 하듯이 자기 이야기를 그렇게 많이 했는데, 그걸 알아채지 못했으니 말이야. 정말 미안하다.

내가 학교 홈페이지에 너를, 아니 혜민이를 찾는 글을 남겨서 네가 얼마나 놀라고 당황했을까. 그 생각을 하니 나도 참 마음이 아팠단다.

난 괜찮아. 너한테 꼭 이 말을 해주고 싶어.

내가 정말 바라는 건…… 메일을 보고 바로여도 좋고, 한 달 뒤여도 좋고, 일 년 뒤여도 좋으니…… 네가 네 진짜 이름으로 보내는 메일을 받아보는 거야. 아주 오랜 시간이 흐른 뒤라도 괜찮아. 널 내 마음속에서 지우지 않고 기다리고 있을 게. 왜냐면 넌 내 소중한 첫 번째 독자니까. 우리 그때는 더 많은 이야기를 나누자.

 참, 그리고 너에게 책을 보내주기로 했던 약속을 꼭 지키고 싶어서……. 참 많이 생각했단다.

 어떻게 하면 네게 내 책을 전해 줄까 말이야.

 그래서 말인데…… 이 메일 보면 꼭 학교 도서관에 가서 내 책을 찾아봐. 알았지? 꼭이다.

이혜숙

1. 순남이의 가정환경은 어떠합니까?

2. 박혜민은 어떤 아이입니까?

3. 순남이는 동화작가 이혜숙 선생님과 어떻게 이메일을 주고받게 되었습니까?

4. 순남이가 남의 이름을 빌어서 편지를 쓴 걸 아신 선생님은 어떤 마음이 들었습니까?

5. 선생님은 순남이에게 어떤 방법으로 책을 선물하였습니까?

1. '거짓내용의 편지를 보내고 마음이 괴로운 순남이'

자신의 이름이 촌스러워 순남이를 자기 반 친구 박혜민으로 바꾸었어요. 혜민이가 수학경시대회에서 1등 한 것, 글짓기 대회에서 장원한 것을 자신이 했다는 거짓 내용을 동화작가 선생님에게 이메일을 보내긴 했는데 마음이 무겁고 괴롭네요.

☺ 순남이가 되어 자신의 행동에 대한 생각을 자유롭게 써 보세요.

2. '그동안 편지를 주고받은 아이가 가짜 혜민이라니…….'

동화작가 선생님은 그동안 이메일을 주고받았던 아이가 공부 잘하고 글 잘 쓰는 혜민이가 아니라 순남이라는 것을 알고 무척 놀랐어요.

☺ 선생님이 되어 지금의 심정을 말해 보세요.

1 내가 순남이였다면 엄마가 돌아가시고 아버지와 동생과 어렵게 살아가면서 어떻게 학교생활을 하였을지 생각해 보고 순남이의 행동을 평가해 보세요.

2 동화작가 선생님은 순남이의 행동에 매우 당황스러워하지만 순남이가 무안해하지 않도록 해주시고 잘 배려해주셨습니다. 순남이의 아버지가 이 사실을 나중에 알았다면 동화작가 선생님께 어떤 말씀을 드렸을지 적어 보세요.

4. 순남이의 행복 가득 편지함

글숲 여행을 마치며

이 세상에 태어나서 거짓말을 한 번도 안 해본 사람이 있을까요? 어떤 상황이든지 누구나 한 번쯤 거짓말을 할 때가 있습니다. 그러나 무심코 한 거짓말 때문에 또다른 거짓말을 연속적으로 해야하는 곤혹스러운 경우가 발생할 수도 있습니다. 사람들에게 거짓말을 하지 말자는 광고를 만들어 봅시다.

5. 그런 편견은 버려

1. 다음과 같은 특징을 지니는 사람은 어떤 성격을 가졌을 거라고 생각되는지 적어 보세요.

인물의 특징	예상되는 성격
학업 성적이 언제나 1등이다.	
외모가 뚱뚱하고 못생겼다.	
돈이 많은 부자다.	

2. 언젠가 집에 급한 볼일이 생겨 학교에서 청소를 하지 않고 집으로 몰래 간 적이 있었어요. 그 후로 친구들이 나를 불성실하고 이기적인 사람으로 생각한다면 나는 친구들에게 어떤 말을 해주고 싶은가요?

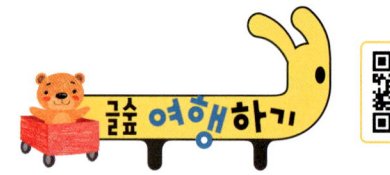

구연동화를 QR로 확인하세요.

다음 이야기는 독서를 무척 싫어하는 학생들이 독서감상부에 들었는데, 특활담당 선생님의 이야기를 통해 독서란 지루한 것이라는 생각이 편견이었음을 깨닫게 하는 내용입니다. 편견이 무엇이며 여러 가지 편견이 낳는 결과를 생각해 보며 이야기를 읽어 봅시다.

그런 편견은 버려

이야기 1

이야기 1 : 백인들이 사람의 피부색을 가지고 사람의 수준이나 인격을 판단하는 편견 때문에 괴로운 흑인이야기

어느 마을에 하얀 토끼들과 검은 토끼들이 살았다. 하얀 토끼들은 하얀색이 귀하고 똑똑하며 검은색은 더럽고 재수가 없다고 생각했다. 그래서 하얀 토끼들은 검은 토끼들을 차별하는 법을 만들었다.

버스를 탈 때에도 하얀 토끼들은 항상 버스의 앞자리에 타고 검은 토끼들은 뒷자리에만 탈 수 있었다. 버스뿐만 아니라 하얀 토끼가 다니는 학교와 검은 토끼가 다니는 학교도 달랐다. 식당에서도 좋은 자리는 항상 하얀 토끼 차지였고 검은 토끼는 구석진 자리에 앉아야만 했다.

그러던 어느 날, 몸이 아픈 검은 토끼 한 마리가 버스에 탔는데 빈자리가 앞자리밖에 없어서 앞자리에 털썩 앉고 말았다. 그 토끼는 법을 어겼다고 바로 경찰에 붙잡혀 갔다.

이 소식을 들은 검은 토끼들은 이러한 심한 차별에 분노했다.

검은 토끼들은 그때부터 '버스 절대 안타기 운동'을 벌였다. 버스를 타는 대신 계속 걸어가거나 다른 토끼들의 차를 타고 갔다. 그러자 구분하는 것이 옳은지에 대해 다시 생각하게 되었다. 하얀 토끼들은 결국 버스에서 하얀 토끼와 검은 토끼의 자리를 구별하는 법을 없애게 되었다.

이야기 2
이야기 2 : 직업에는 귀천이 있다고 생각하며 좋은 직업을 강요하는 어머니 때문에 괴로운 산토끼 이야기

어느 산토끼가 구두장이가 되고 싶다고 했다가 엄마, 아빠에게 꾸지람을 들었다.
꾸지람 : 아랫사람의 잘못을 꾸짖는 말
"얘, 도대체 넌 꿈이 그게 뭐냐. 평생 남의 구두만 고치다가 말 거냐?"
"사내라면 좀 더 큰 꿈을 가져야 해."
산토끼는 정말 이상했다. 구두는 누구나 신고 다닌다. 그런 구두를 만들고 고치는 일이라면 보람도 있고 즐거울 것 같은데, 왜 하찮게 생각할까?
"아빠, 세상에 의사랑 박사만 있으면 구두는 누가 고치나요?"
"아가야, 그건 네가 걱정 안 해도 된단다. 너는 그저 네가 어떤 큰 일을 할까 고민하면 되는 거야."
"엄마, 난 세상에 구두를 누가 고칠까 그게 걱정이에요. 내가 그 일을 해 보고 싶어요."
엄마가 산토끼를 야단치자, 할머니 토끼가 말했다.
"얘들아, 그만들 하렴. 이 아이는 아직 어리다. 나중에 더 넓은 세상을 보면서 꿈이 어떻게 바뀔지 아무도 모르잖니. 지금 구두장이가 되고 싶다면 그렇게 하라고 하렴."
구두장이 : 구두를 만들거나 고치는 일을 직업으로 하는 사람
그리고 할머니는 산토끼를 바라보며 이렇게 말했다.
"아가야, 지금 네가 어떤 일을 하고 싶다면 그렇게 하렴. 그러나 말이야, 이건 꼭 기억해 두거라. 네가 어떤 선택을 하든지 그 일에서 최고가 되려고 노력해야 한다. 어떤 일이든 최선을 다해 노력해 보는 것은 젊은이들만이 해 볼 수 있는 일이지. 정말 되고 싶다면 최고가 되도록 노력하렴. 알았지?"
최고 : 가장 높음. 으뜸인 것
산토끼는 할머니의 가슴에 꼭 안겨서 다짐했다. 최고의 구두장이가 되겠다고.

이야기 3
이야기 3 : 한 가지를 잘하면 뭐든 잘할 거라는 편견 때문에 괴로운 1등 토끼 이야기

달리기 대회에 나가기만 하면 1등을 하는 토끼가 있었다. 모두들 그 토끼를 '1등 토끼'라고 불렀다. 처음 1등을 했을 때는 정말 기분이 좋았다. 그러나 시간이 지나면서 1등이 좋은 것만은 아니라는 생각이 들었다.
"1등 토끼야말로 제일 뛰어난 달리기 선수야."

"그럼, 1등 토끼를 당해 낼 토끼는 없지."

"아무렴. 이번 달리기 대표도 당연히 1등 토끼지."

토끼는 모두의 기대가 너무 부담스러웠다.

기대 : 어떤 일이 원하는 대로 이루어지기를 바라면서 기다림

그러던 어느 날, 장애물 뛰어넘기 대회가 열렸다. 토끼는 장애물 뛰어넘기가 자신 없었지만, 다른 토끼들은 당연히 1등 토끼가 대회에 나가야 한다고 생각했다. 토끼는 잠도 오지 않았다. 어떻게 해서든지 1등을 해야 한다는 생각에 잠도 못 자고 장애물 뛰어넘는 연습을 해야 했다. 발톱이 빠져 피가 나도록 연습을 하고 또 했다. 이렇게 해서 토끼는 계속해서 1등을 하게 되었다.

"역시 1등 토끼야." 하며 모두 박수를 치며 칭찬을 했다.

하지만 몇몇 친구들은 1등 토끼와 점점 사이가 멀어졌다.

"우리가 아무리 열심히 해도 네가 1등을 하니까 우리에게는 기회조차 오지 않아. 늘 1등만 하는 너에게 이제 질렸어."

친구 토끼들은 그런 말을 하고, 하나 둘 1등 토끼를 떠나갔다.

이야기 4

이야기 4 : 뚱뚱하면 달리기를 잘하지 못할 거라는 남들의 편견 때문에 괴로운 뚱뚱 토끼 이야기

뚱뚱 토끼는 거울 앞에서 자기 모습을 자세히 보았다. 다른 토끼들보다 훨씬 큰 두 귀는 뒤로 축 처져 있었다. 살찐 볼 밑에 두꺼운 턱이 있고, 그 아래부터는 가슴인지 배인지 도통 구분이 안 갔다. 손도 발도 두툼한 것이 보통 토끼의 두 배는 되었다. 어떻게 이 몸매로 달리기 경주에 나갈 수 있단 말이야?

경주 : 일정한 거리를 달려 빠르기를 겨루는 일

"절대로 뛸 수 없어요."

토끼가 풀이 죽어서 말했다.

"그래서 포기하겠다는 거야? 달려 보지도 않고?"

"내가 나가면 웃음거리만 될 뿐이에요. 다들 뚱뚱 토끼가 굴러간다고 놀려 대기나 할 거예요. 난 태어날 때부터 토끼답지 않게 생겼어요. 이 큰 귀를 좀 보세요. 그리고 뚱뚱한 몸이랑…… 난 어디에도 쓸모없는 토끼라고요."

그러자 토끼 선생님은 화가 났다.

"평생 남들 눈치만 보고 살 거니? 남들이 생각하는 대로 따라하며 살 거냐?

넌 할 수 있어. 달라질 수도 있고."

"아니에요. 저는 뚱보일 뿐이에요. 아세요? 뚱보에도 두 종류가 있다는 것을요. 공부 잘하고 힘센 토끼는 노려보기만 해도 애들이 주머니 속의 당근을 알아서 꺼내 놓지요. 하지만 공부도 못하고 뜀뛰기도 못 하는 뚱보 토끼는 주머니 속의 당근보다도 못한 존재라고요."

뚱보 : 살이 쪄서 뚱뚱한 사람을 놀림조로 이르는 말

"하지만 넌 달리고 싶어 했잖니?"

"네, 그건 그래요."

"그렇다면 달리면 되는 거야. 다른 토끼들이 어떻게 생각하든 그건 그들 생각일 뿐이야. 달리면서 네 안의 소중한 것을 알아볼 수 있는 진짜 친구를 만나렴. 그리고 그들과 함께 달리면 되는 거야."

1 네 개의 이야기 속에는 편견 때문에 괴로워하는 친구들이 있습니다. 어떤 편견인지 찾아봅시다.

구분	친구를 괴롭히는 편견
이야기 1	
이야기 2	
이야기 3	
이야기 4	

2 이 책의 글쓴이가 초등학생들에게 가르쳐 주고 싶어하는 것은 무엇입니까?

3 이 책에 나오는 선생님은 학생들을 어떤 방식으로 가르치고 있나요?

1 '나에게 너무 많은 기대를 걸지 말아줘.'

> 달리기에서 1등을 하는 토끼는 장애물 뛰어넘기에서도 당연히 1등을 할 거라는 친구들의 기대에 너무 괴로웠어요. 자신은 달리기는 잘할 수 있으나 장애물 넘기에는 소질이 없거든요.

😊 1등 토끼가 되어 자신의 심정을 말해 보세요.

....
....
....

2 '뚱뚱 토끼야, 제발 내 말 좀 들어줘.'

> 뚱뚱 토끼의 선생님은 자신은 뚱뚱해서 뭐든지 할 수 없다고 미리 포기해 버리는 제자 토끼에게 용기를 불어넣어 주고 싶었어요.

😊 선생님이 되어 이번 달리기 대회에 꼭 참여하도록 격려해 보세요.

....
....
....

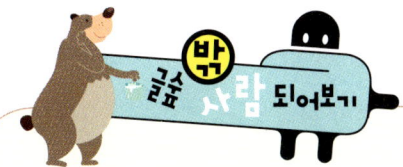

1 얼굴이 마른 사람은 성격이 까칠할 것이고, 외아들로 자란 사람은 자기중심적이고 예의가 부족할 것이라고, 사람들은 자기가 경험한 것을 바탕으로 미루어 짐작하는 경향이 있어요. 내 얼굴이 말랐다고 남들이 나를 까칠한 사람으로 여기고 꺼려한다면 나는 그들에게 어떤 말을 하고 싶을지 적어 보세요.

2 공부도 잘하고 얼굴도 예쁜 미영이가 어느 날 맛있는 과자를 사서 평소 친하게 지내지 않던 나에게 주었을 때, 나는 어떤 마음이 들까 여러 가지로 생각해 보고 가장 그럴듯한 이유를 찾아보세요.

왜 과자를 나에게 선물했을까?	선택
가. 미영이가 나랑 친하게 지내고 싶은가 봐.	
나. 나도 남들에게 인기가 있나보다.	
다. 미영이가 나에게 무슨 아쉬운 말을 하려고 과자를 줄까?	
라. 미영이는 역시 사람을 차별하지 않는 좋은 아이야.	

5. 그런 편견은 버려

글숲 여행을 마치며

'그런 편견은 버려'를 읽고 남들이 자신에게 가지는 편견 때문에 괴로워하는 사람들이 평소 생각했던 것보다 많다는 것을 느꼈지요? 편견을 버리고 순수한 마음으로 대상을 바라보자는 주제로 노래를 만들어 불러 봅시다.(랩의 형식을 빌어 만들어 보세요.)

베니스의 상인

1. 세익스피어는 영국이 낳은 세계 최고 극작가로서 특히 4대 비극과 5대 희극이 유명합니다. 아래 보기 중에서 가, 나에 해당하는 작품을 찾아 적어 보세요.

> 로미오와 줄리엣, 베니스의 상인, 오셀로, 멕베드, 십이야, 한여름 밤의 꿈, 말괄량이 길들이기, 리어왕, 헛소동, 햄릿, 뜻대로 하세요

가. 4대 비극 :

나. 5대 희극 :

2. 만일, 누군가가 나를 나쁘다고 비방하고 다니거나 내가 하는 일을 방해할 때 어떻게 하고 싶을지 적어 보세요.

3. 나를 위해서 목숨까지도 바칠 각오가 되어 있는 친구를 가졌다면 얼마나 행복할까요? 나와 친한 친구는 누구이고, 앞으로 그 친구와 어떻게 지내고 싶은지 적어 보세요.

구연동화를 QR로 확인하세요.

친구와의 우정을 위하여 자신의 전 재산을 걸었다가, 목숨을 내놓아야 할 위험에 처한 아슬아슬한 장면들을 상상해 보며 다음 글을 읽어 봅시다.

베니스의 상인

화창한 날씨였다. 아름다운 항구도시 베니스의 부둣가에는 젊은 두 신사가 나란히 산책을 하고 있었다.

항구도시 : 배가 안전하게 드나들도록 강가나 바닷가에 부두 따위를 설비한 항구가 있는 도시

"바사니오, 자네가 비밀스럽게 찾아가 보겠다던 그 처녀와는 어찌 되어가나? 주저하지 말고 말해 보게."

안토니오는 바사니오에게 힘을 실어 주었다.

"포샤는 나를 무척 마음에 들어 했네. 하지만 그녀를 다시 만나러 가려면 돈이 필요해. 그녀가 나를 한 번만 더 만난다면 분명 남편감으로 선택할 걸세. 그러면 자네에게 진 빚도 모두 갚을 수 있지. 그녀는 정말 훌륭한 여자이고 난 진심으로 그녀에게 반했네."

"지금 내 전 재산을 투자해 사들인 세 척의 무역선이 바다를 항해 중이라서 당장은 돈이 없네. 하지만 베니스에서 내 이름을 걸면 아름다운 아가씨를 만나러 갈 여비 정도는 충분히 구할 수 있을 걸세. 함께 베니스로 돈을 빌리러 가 보세."

무역선 : 다른 나라와 무역하기 위하여 물건을 실어나르는 배

포샤는 벨몬트 중심가의 웅장하고 아름다운 저택에 살고 있었다. 또한 미모가 뛰어나고 풍부한 교양까지 갖춘 영리한 아가씨였다. 하지만 포샤의 아름다운 얼굴에는 그늘이 드리워져 있었다.

'정말 막막한 기분이 드는구나. 아버지의 유언을 따르자니 내 청춘이 뜨겁고……. 아, 내 마음대로 남편감을 고를 수도 없는 신세라니!'

유언 : 죽음에 이르러 말을 남김

포샤의 아버지는 세상을 떠나기 전에 하나뿐인 딸에게 막대한 재산을 물려주면서 포샤의 남편감을 고르는 방법을 정해 놓았다. 포샤에게 청혼하는 남자들은

세 개의 상자 중에서 아버지의 뜻이 담긴 특별한 상자를 골라야 포샤와 결혼할 수 있었다. 포샤의 아버지를 잘 아는 사람들은 이 방법이 매우 현명하다고 믿었으며, 포샤의 시중을 드는 네리사 또한 그렇게 생각했다.

"아가씨, 이제까지 찾아온 분들 중 맘에 든 사람이 있나요?"

"나폴리왕은 정말 시시한 자기 자랑만 일삼았고, 펠러타인 백작은 노상 얼굴을 찡그리고 있을 뿐만 아니라 농담을 들어도 웃을 줄 모르더군. 네리사, 프랑스 귀족 르봉 씨는 최악이었어. 그는 정말 자기 자랑을 늘어놓는 건 나폴리 왕을 뺨칠 정도이고, 찡그린 얼굴은 펠러타인 백작보다 훨씬 더 보기 흉했어. 그가 아무리 날 사랑한다 해도 내 마음은 꿈쩍도 하지 않을 거야."

농담 : 실없이 놀리거나 장난으로 하는 말

네리사는 계속해서 영국의 포큰브리지 남작이며, 스코틀랜드에서 온 귀족이며, 색소니 공작의 조카에 대해서 물어보았으나 포샤의 반응은 매번 시큰둥했다. 그때 네리사의 머릿속에 한 사람이 문득 떠올랐다.

시큰둥하다 : 달갑지 아니하거나 못마땅하여 시들하다

"혹시 그분 기억나세요? 베니스에서 오신 분 말이에요."

"음, 바사니오 씨 말이지?"

"역시 아가씨도 기억하시는군요. 제 멍청한 눈으로 보기에는 그분이야말로 아름다운 아내를 맞으실 자격이 충분한 것 같았어요. 외모나 인품 모두 훌륭하시더군요."

인품 : 사람이 사람으로서 가지는 품격이나 됨됨이

"그래, 네 말대로 훌륭한 분이신 것 같았어."

포샤의 얼굴빛이 환해지는 것을 네리사도 알아챘다.

바사니오와 안토니오는 돈을 빌리기 위해 베니스 시내를 여기저기 돌아다녔지만 돈은 쉽게 구해지지 않았다. 두 사람은 따로 다니면서 돈을 빌려줄 만한 사람을 찾아보기로 했다. 바사니오는 마침내 샤일록이라는 고리대금업자를 찾아갔다.

샤일록은 유대인 출신으로 악명 높은 고리대금업자였다. 지나치게 높은 이자를 받고 돈을 빌려주어 많은 이들의 원망을 사는 사람이었다. 바사니오는 이런 사람에게 돈을 빌린다는 것이 썩 내키지 않았지만 달리 방법이 없었다. 어떻게 해서든 돈을 구해 포샤를 만나러 가고 싶었던 것이다.

고리대금업자 : 부당하게 이자를 많이 받는 돈놀이를 하는 사람

6. 베니스의 상인

"흠, 3천 두카토를 빌려 달라는 말인가?"

"네, 석 달 안으로 꼭 갚겠습니다. 물론 저에게 보증을 서 줄 친구가 있습니다. 안토니오라는 아주 성실한 친구지요."

> 보증 : 사람의 신용이나 사물의 품질 등에 대하여, 틀림이 없이 믿을 만함을 책임지고 증명함

"안토니오라고?"

"네, 그 친구를 아시나요?"

샤일록은 눈을 가늘게 뜨고 생각에 잠겼다. 그리고 얇은 입술을 핥고는 대답했다.

"일단 자네의 보증인을 믿어보기로 하지. 그런데 그 전에 안토니오를 만나 보고 싶군."

그때 마침, 안토니오가 사무실 안으로 쑥 들어왔다.

바사니오는 안토니오를 사무실 한쪽 구석으로 끌고 가 샤일록과 나눈 말들을 들려주었다. 샤일록은 그 모습을 차가운 시선으로 바라보며 생각에 잠겼다.

'안토니오란 녀석은 언제 봐도 밉상이야. 눈엣가시란 말이야.'

샤일록은 안토니오를 굉장히 미워했다.

베니스의 고리대금업자는 대부분 유대인이었고 샤일록도 역시 유대인이었다. 베니스의 상인들은 대부분이 기독교인들이었는데, 이들은 유대인을 고리대금업을 한다는 이유로 종종 비난하고 업신여겼다.

'저 녀석은 언제나 사람들 앞에서 큰 소리로 나를 비난하지. 내가 이자를 받는다고 말이야. 내 언젠가 혼쭐을 내주고 말 테다.'

한편, 바사니오의 말을 듣고 난 안토니오가 샤일록 쪽으로 다가왔.

"샤일록 씨, 금전 거래는 이자 없이 하는 게 내 원칙이지만 이번만은 당신과 거래하지요."

> 금전 거래 : 금이나 화폐를 주고 받는 일

"지금 금전 거래를 할 때 이자를 받지 않는다고 했나? 성경에 나와 있는 부자가 되는 방법도 도둑질만 하지 않는다면 어떤 식으로 돈을 벌든 축복 받을 일이지 흉이 되지는 않는다고 쓰여 있네."

"샤일록 씨, 당신은 고귀한 성경을 멋대로 인용해서 이자 받는 일을 정당화하는군요."

샤일록과 안토니오는 눈에 불꽃을 튀기며 서로를 노려보았다.

"안토니오, 내가 이자를 받는다고 사람들에게 욕하고 다니는 것을 모를 줄 아나? 자네에게 개 취급을 받은 내가 자네에게 3천 두카토를 바쳐야 한다고 생각하나?"

"샤일록 씨, 난 앞으로도 이자 받는 당신 행위에 침을 뱉을 겁니다. 당신이 내게 돈을 빌려 준다고 해도 내 태도는 달라지지 않을 거예요."

순간 샤일록의 눈빛이 번뜩였다. 그러고는 얼굴 가득 음흉한 미소를 지으며 안토니오에게 말했다.

음흉한 : 겉으로는 부드러워 보이나 속으로는 엉큼하고 흉악한

"나를 믿고 지금 바로 계약서를 작성하세. 이자는 한 푼도 받지 않을 테니 계약서에 형식적인 조항이나 하나 달아 두지. 빌려 간 돈을 석 달 안에 갚지 못할 때는 위약금으로 자네의 기름진 살을 딱 1파운드만 베어낸다고 말이야. 부위는 가슴 쪽이 좋겠군."

위약금 : 계약의 당사자가 계약을 위반하였을 때, 그 제재로서 상대에게 지불하기로 약정한 돈

"그러지요. 석 달이면 돈을 갚고도 남을 테니까요. 기꺼이 계약서에 서명하겠습니다."

시간은 쏜살같이 흘렀다. 안토니오가 샤일록에게 돈을 갚기로 한 석 달의 기한이 점점 가까워 왔다. 베니스 시내에는 안토니오의 무역선 한 척이 풍랑을 견디다 못해 바다에 가라앉았다는 흉흉한 소문이 돌고 있었다. 샤일록의 귀에도 그 소문이 들려왔다.

"안토니오 녀석, 기세등등해서 잘난 척하더니 꼴좋게 되었구나. 흥, 계약서의 날짜는 잊지 않았겠지? 녀석이 나와 우리 유대인들을 비웃던 걸 생각하면 내가 자다가도 이가 갈린다니까. 두고 보라지, 내 반드시 복수하고 말테다."

기세등등 : 기세가 매우 높고 힘찬 모양

샤일록의 마음은 잔뜩 뒤틀려 있었다. 샤일록은 같은 고리대금업자에게 푸념을 늘어놓았다.

푸념 : 마음속에 품은 불평을 늘어놓음

"이걸 어디에 분풀이한단 말인가? 눈물이란 눈물은 다 내 눈에서 쏟아지는구면."

"이보게, 샤일록. 자네 말고 울어야 할 사람이 또 있네. 내가 얼마 전에 들은 얘긴데, 안토니오가 파산할 것 같다더군."

파산 : 재산을 모두 잃고 망함.

"그게 정말인가?"

동료의 말에 샤일록의 귀가 번쩍 뜨였다.

"그렇다네. 제노바 앞바다에서 안토니오의 무역선이 침몰했다는 소문을 들었지. 안토니오의 사업과 관련 있는 몇 사람에게서 똑같은 얘기를 들었으니 확실한 정보라고 봐야겠지."

침몰 : 물속에 가라앉음

"이제야 그동안 막혔던 속이 뻥 뚫리는 것 같군. 정말 기쁜 소식이야! 두고 보라고, 내가 녀석의 심장을 도려내고 말테니까. 안토니오란 녀석만 베니스에서 없어지면 우리도 마음 놓고 고리대금업을 할 수 있지."

샤일록은 마음속으로 복수의 칼날을 시퍼렇게 갈았다.

복수 : 원수를 갚음

그 무렵 바사니오는 포샤의 집에서 행복한 나날을 보내고 있었다. 다시 만난 바사니오와 포샤는 서로의 마음을 확인한 뒤 깊은 사랑에 빠져 들었다. 그러나 포샤는 사랑하는 바사니오가 모로코 왕처럼 잘못된 상자를 고를 것을 생각하니 눈 앞이 캄캄했다. 그래서 포샤는 바사니오의 자격시험을 하루하루 미루는 중이었다. 포샤에게서 아무 말이 없자, 바사니오가 먼저 시험을 치르겠다고 자청했다. 그러자 포샤가 바사니오를 말렸다.

"제발 서두르지 마세요. 며칠 더 쉬다가 우리의 운명을 시험하기로 해요. 만약 상자를 잘못 고르면 그날로 우리는 헤어져야 하잖아요."

운명 : 앞으로의 생사나 존망에 관한 처지

"포샤, 나도 당신과 오래오래 행복한 시간을 보내고 싶소. 그러나 마치 사형대에 서있는 심정이오. 어서 빨리 시험을 치르고 당신을 아내로 맞이하고 싶소."

"아버지의 유언이 이토록 원망스러운 적은 없었어요. 내 마음은 이미 당신 것인데, 이토록 불확실한 시험이 우리를 방해하고 있군요. 하지만 언제까지나 중요한 결정을 미룰 수는 없으니 이제 당신의 운명을 시험해 보세요."

포샤는 세 개의 상자 앞으로 바사니오를 데려갔다. 바사니오는 불안해하는 포샤를 위로하듯이 밝은 표정을 지었다.

금궤 앞에 선 바사니오는 깊은 생각에 잠겼다. 이 세상의 이치처럼 금궤의 겉과 속이 다를 수도 있을 것 같았다. 그렇게 볼 때 금이라는 것은 겉치레에 불과했다. 따라서 금궤는 정답이 아니었다.

이번에는 은궤 앞에 섰다. 바사니오의 직관적 판단은 지금까지 단 한 번도 틀린

직관적 : 판단이나 추리 따위의 사유작용을 거치지 아니하고 대상을 직접적으로 파악하는

적이 없었다. 창백하게 빛나는 은에서는 지나치게 가볍고 얄팍한 느낌이 났다.

마지막으로 납궤 앞에서 걸음을 멈추었다. 바사니오는 보잘것없는 납에서 솔직함을 느꼈다. 납은 투박하지만 있는 그대로의 자신을 드러냈다. 바사니오는 결국 그것을 선택하기로 마음먹었다.

납궤 : 물건을 넣도록 납으로 만든 그릇

"나는 납궤로 결정했소. 납의 솔직함이 내 마음을 움직이는군요."

포샤가 바사니오에게 납궤의 열쇠를 내밀었다. 바사니오는 열쇠 구멍에 열쇠를 꽂고 심호흡을 했다. 마침내 납궤의 뚜껑이 열렸다.

"오오!"

주위에 몰려 있던 하인들 입에서 탄성이 터져 나왔다. 안에는 그가 바랐던 포샤의 초상화와 함께

탄성 : 몹시 감탄하는 소리
초상화 : 사람의 얼굴을 중심으로 그린 그림

'외모를 보고 고르지 않는 자는 기회 공정하고 선택 참되리라! 이 행운 당신의 것이 되었으니 이에 만족하고 새 행운은 찾지 마오. 이를 진정 기뻐하고 당신의 행운을 최대의 축복으로 여긴다면 당신의 아가씨에게로 가서 사랑의 입맞춤으로써 그녀를 차지하라.'

라는 글이 씌어 있었다.

포샤는 기뻐서 숨이 멎을 것 같았고, 바사니오는 초상화에서 눈을 뗄 줄 몰랐다. 포샤는 활짝 웃으며 바사니오 쪽으로 다가갔다.

"바사니오, 나는 앞으로 당신의 것이에요. 자, 이 반지를 받으세요. 이것은 우리 사랑의 정표예요."

포샤는 반지를 꺼내 바사니오의 손가락에 끼워 주었다.

"포샤, 감격스러워서 어찌할 바를 모르겠소. 내 약속하리다. 이 목숨이 다하는 날까지 반지를 소중히 간직하겠소."

바사니오와 포샤의 눈 속에는 사랑이 넘쳐흘렀다.

그때 살레리오가 안토니오의 편지를 전하러 들어왔다. 바사니오는 서둘러 편지를 펼쳐 보았다. 편지를 읽어 내려가는 바사니오의 얼굴이 점점 흙빛으로 변해 갔다.

흙빛으로 변해가다 : 너무 놀라 넋을 잃음을 이르는 말
유사어 : 혼비백산, 아연실색, 대경실색, 경천동지, 경황망조

6. 베니스의 상인

그리운 바사니오!

나의 전 재산으로 산 무역선 세 척이 모조리 가라앉아서 나는 파산을 하고 말았네. 샤일록과의 계약서에 서명을 했으니 도저히 살아남을 수 없을 것 같아. 내 마지막으로 꼭 한 번 자네의 얼굴을 보고 싶군.

-안토니오

"이런 일이 생기다니! 포샤, 당신에게 고백할 것이 있소. 내가 무일푼이라고 말했지만 사실 지금은 무일푼보다 더 못한 처지요. 내게는 3천 두카토의 빚이 있소. 그 빚은 나의 가장 소중한 친구가 흉악한 유대인에게 자기 목숨을 담보로 얻어 준 거요. 그때문에 내 친구는 지금 목숨이 위태로운 상황이오."

고백 : 마음속에 생각하고 있는 것이나 감추어 둔 것을 사실대로 숨김없이 말함
무일푼 : 돈이 한 푼도 없음

포샤는 누구보다 침착하게 상황을 정리해 갔다.

"바사니오, 당신 친구 분의 머리카락 하나라도 다치게 해서는 절대 안 되지요. 돈이 얼마가 들더라도 제가 마련해 드릴 테니 아무 걱정 마세요. 아, 그러려면 당신이 출발하기 전에 결혼식을 먼저 해야겠군요. 우리가 결혼하면 당신에게도 내 재산에 대한 정당한 권리가 생길 테니까요. 결혼식만 올린 뒤 곧바로 베니스로 떠나세요. 전 여기서 당신을 기다릴게요."

"우정을 지킬 수 있게 해 줘서 정말 고맙소, 포샤. 그럼 서두릅시다."

모인 사람들은 포샤의 빠른 판단과 너그러운 마음에 감탄했다. 바사니오는 간소한 결혼식을 올리자마자 곧바로 베니스를 향해 떠났다.

포샤는 하녀 네리사에게 떠날 준비를 하라고 일렀다. 그리고 출발하기 전에 하인을 시켜 사촌 오빠 벨라리오 박사에게 편지를 보냈다.

"최대한 빨리 편지를 전해 드려라. 오라버니가 편지를 읽으면 판결할 내용이 담긴 서류와 의복을 주실 거다. 그걸 받아서 베니스로 건너가는 나루터로 서둘러 와야 한다."

나루터 : 나룻배가 닿고 떠나는 일정한 곳

네리사는 포샤가 무슨 일을 하려는지 궁금했다. 사실 포샤에게는 따로 계획이 있었다. 소중한 남편의 친구 안토니오를 남몰래 돕기로 마음먹은 것이다.

"네리사, 우리 남장을 하고서 남편들을 만나러 가자."

남장 : 여자가 남자처럼 차림

"네? 아가씨와 제가 남자 노릇을 한다고요?"

"쉿! 네리사, 이건 비밀이야. 누가 들으면 절대 안 돼."

포샤는 네리사만 데리고 집을 나섰다. 베니스까지의 머나먼 길이 그들을 기다리고 있었다.

빌린 돈을 제 날짜에 갚지 못한 안토니오는 감옥에 갇혔다. 샤일록은 계약서에 쓰여 있는 대로 해 달라며 고집을 꺾지 않았다. 머지않아 판결 날짜가 잡혔고 재판이 열렸다. 베니스의 많은 시민이 재판정에 모여들었다.

재판정의 분위기는 착 가라앉아 있었다. 붉은 옷을 입은 관리들과 보라색 옷을 입은 공작이 엄숙한 모습으로 들어와 자리에 앉았다. 이윽고, 간수가 안토니오를 끌고 재판정으로 들어왔다. 그리고 조금 뒤에 샤일록이 묘한 웃음을 머금고 모습을 드러냈다.

"샤일록, 여전히 마음을 바꾸지 않을 텐가? 저 가엾은 상인을 보게. 전에는 큰 부자였으나 무역선이 난파되는 바람에 전 재산을 잃었어. 그런데도 가슴살 1파운드를 도려내어 남의 목숨을 빼앗아야 속이 시원하겠는가? 어떤가, 생각을 바꿀 텐가?"

공작은 마지막으로 샤일록을 설득하려 했다. 그러나 샤일록의 대답은 차디찼다.

"제 생각에는 변함이 없습니다. 계약서대로 위약금을 받겠다는 것은 베니스의 법에 따른 당연한 권리입니다. 이것이 옳지 않다면 베니스의 법은 휴지 조각이나 다름없지요. 돈 대신 안토니오의 살 1파운드를 받으면 저에게는 손해를 보는 장사입니다. 그런데도 왜 돈을 마다하고 1파운드의 살을 받으려 하냐고요? 그건 제가 안토니오를 증오하기 때문입니다."

"그렇다고 멀쩡한 사람을 죽이려 한단 말입니까?"

바사니오가 흥분해서 소리쳤다.

"미우면 죽이고 싶은 것이 사람의 마음이 아니겠나?"

샤일록이 코웃음을 치며 대꾸했다. 바사니오는 이대로 친구를 죽게 내버려 둘 수는 없었다. 바사니오는 돈을 꺼내 들고 소리쳤다.

"자, 이 돈을 받고 마음을 돌리세요. 빌린 돈의 두 배인 6천 두카토입니다!"

"흥, 그 백배를 주더라도 받지 않겠네. 나는 법대로 처리할 테니까."

샤일록에게는 아무 소리도 귀에 들어오지 않았다. 안토니오를 향한 복수심만이 타오르고 있었다. 공작이 노여운 목소리로 다그치고 재판정에 모여든 많은 시민들도 비난했으나 딱딱하게 얼어붙은 샤일록의 마음을 움직일 수는 없었다.

복수심 : 복수하려고 벼르는 마음
노여운 : 화가 날 만큼 분하고 섭섭한

"어서 재판을 진행하시오. 계약서에 분명히 쓰여 있듯이 안토니오의 살 1파운드는 내 것이라고요. 자, 베니스의 고귀한 법으로 어서 판결을 내려 주십시오."

판결 : 시비나 선악을 판단하여 결정함

어떤 말로도 샤일록을 설득할 수 없음을 깨달은 공작은 재판을 시작하기로 했다.

"나는 이 사건의 판결을 벨라리오 박사에게 부탁했소. 이제 곧 그분이 오실 거요."

그때 한 관리가 편지를 들고 재판정으로 들어왔다. 그것은 벨라리오 박사가 공작 앞으로 보내는 편지였다. 벨라리오 박사는 지금 병이 나서 올 수가 없고, 대신 학문과 실력이 뛰어난 법학박사를 보낼 테니 그 사람이 자기 대신 재판을 진행하도록 허락해 달라는 내용이었다. 편지를 다 읽은 공작이 관리에게 명했다.

"그분을 재판정 안으로 어서 들어오시라 하게."

잠시 뒤, 법복을 입은 젊은 법학 박사가 재판정에 들어섰다.

법복 : 법관이 법정에서 입는 옷

"안토니오와 샤일록은 앞으로 나오라."

젊은 재판관의 한마디에 재판정은 조용해졌다. 여성스럽지만 사람들을 집중하게 만드는 목소리였다. 두 사람이 젊은 재판관 앞에 서자 재판관은 곧바로 심문에 들어갔다.

심문 : 자세히 따져서 물음

"샤일록은 들으라. 당신이 제기한 이 소송은 참으로 괴상하기는 하나 법적으로 타당하다. 그러므로 당신을 비난할 수는 없다."

제기한 : 의견이나 문제를 내어놓음

샤일록의 얼굴에 만족스러운 웃음이 번졌다.

"그러면 안토니오에게 묻겠다. 그대는 이 계약의 정당성을 인정하는가?"

"네, 인정합니다."

"샤일록, 안토니오가 정당성을 인정하고 있군. 이제 그대가 자비심을 발휘해야겠네."

"제게 그럴 의무라도 있단 말씀입니까? 저를 설득할 수 있으면 해 보시죠."

"자비심은 강요해서도 안 되고 의무감으로 행사해서는 더더욱 안 되지. 자비야말로 하늘이 인간에게 주신 최고의 축복이니까. 샤일록, 당신 말대로 우리는 정의를 지켜야 하나, 법의 정의에 자비를 더하는 순간 비로소 드높은 가치가 완성되는 것이다. 그래도 샤일록 당신의 마음이 끝내 변하지 않는다면 이 법정에서 더 이상 강요할 수는 없다. 재판정의 판결은 엄격한 법의 테두리 안에 있으니까."

정의 : 진리에 맞는 올바른 도리

"제 생각에는 변함이 없습니다. 어서 판결을 내려 주시면 감사하겠습니다."

젊은 재판관의 웅변은 그 자리에 있는 많은 사람을 감동시켰다. 그러나 단 한 사람, 샤일록의 마음만은 꿈쩍도 하지 않았다. 재판은 계속되었다.

"안토니오는 빚을 갚을 능력이 없는가?"

젊은 재판관의 물음에 바사니오가 기다렸다는 듯이 끼어들었다.

"아닙니다. 안토니오의 친구인 제가 빚을 대신 갚겠습니다. 두 배, 아니 열 배도 좋고 제 손과 머리와 심장을 담보로 해도 좋습니다. 제발 부탁입니다. 저 악마 같은 샤일록의 요구에 제재를 가해 주십시오."

제재 : 일정한 규칙이나 관습의 위반에 대하여 제한하거나 금지함

바사니오는 감정이 북받쳐 젊은 재판관 앞에 무릎을 꿇고는 덧붙였다. 그러자 젊은 재판관이 엄격하게 말했다.

"그건 안 될 말씀! 그런 일은 베니스의 법 기강을 뿌리째 흔들어 놓는 일이오."

기강 : 규율과 법도

"옳으신 말씀입니다! 젊으신 분이 명재판관님이십니다!"

샤일록이 신이 나서 소리쳤다.

"샤일록, 당신이 가진 계약서를 보여 주시오."

젊은 재판관은 계약서를 꼼꼼히 검토했다. 마침내 젊은 재판관이 입을 열었다.

"샤일록, 이 금액의 세 배를 받고서 이 사건을 끝낼 생각은 없나?"

"하늘에 맹세코 없습니다."

맹세하다 : 일정한 약속이나 목표를 꼭 실천하겠다고 다짐하다

"그렇다면 계약서에 따라 당신은 살 1파운드를 안토니오의 몸에서 베어 낼 수 있다. 부위는 가슴이군. 마지막으로 다시 한 번 묻겠다. 그대는 정말 자비심을 베풀 생각이 없는가? 세 배의 돈을 받고 이 계약서를 찢어 버리는 게 어떤가?"

"싫소이다. 난 내 영혼을 걸고 맹세했습니다."

"안토니오는 가슴을 내놓으라."

젊은 재판관의 단호한 명령에 안토니오는 애써 덤덤한 표정을 지으며 바사니오에게 고개를 돌렸다. 샤일록은 음흉한 웃음을 흘리며 품에서 저울과 칼날이 예

덤덤하다 : 어떤 말이나 반응이 없이 조용하고 무표정하다

6. 베니스의 상인

리한 칼을 주섬주섬 꺼냈다. 그러고는 칼의 손잡이를 단단히 움켜쥐고 안토니오에게 다가왔다.

"자, 각오해라!"

각오 : 앞으로 해야 할 일이나 겪을 일에 대한 마음의 준비

안토니오는 눈을 감은 채 꼿꼿이 서 있었다. 날카로운 칼끝이 안토니오의 가슴에 막 닿으려는 순간 젊은 재판관이 소리쳤다.

"기다려라! 아직 판결이 끝난 것이 아니다!"

샤일록은 먹이를 잡다가 방해 받은 늑대처럼 그 자리에 우뚝 멈춰 섰다. 젊은 재판관이 낭랑한 목소리로 판결을 계속 이어 갔다.

"계약서에는 살 1파운드라고만 되어 있을 뿐 피에 관한 언급은 단 한마디도 적혀 있지 않다. 자, 안토니오의 몸에서 살을 베어 내라. 다만 안토니오의 몸에서 단 한 방울의 피라도 흐를 경우 샤일록 당신의 전 재산은 베니스의 법에 따라 몰수될 것이다."

파운드 : 무게의 단위. 1파운드는 약 450그램에 해당
몰수 : 징역이나 금고 따위의 형벌에 부과하는 재산형의 하나. 범죄 행위에 제공한 물건이나 범죄 행위의 결과로 얻은 물건 따위를 국가가 강제로 빼앗는 일

젊은 재판관의 말에 샤일록은 꼼짝도 하지 못했다.

"그럼, 아까 말씀하신 대로…… 세 배의 돈을 받을 테니 안토니오를 푸, 풀어 주시오."

샤일록은 얼마나 당황했는지 말까지 더듬거렸다. 바사니오가 기다렸다는 듯이 돈을 꺼내 들었으나 젊은 재판관이 얼른 막아섰다.

"잠깐! 계약서에 쓰인 금액 외에는 아무것도 줄 수 없다. 자, 샤일록은 어서 계약서에 쓰인 대로 살을 베도록 하라. 물론 피는 단 한 방울도 흘려서는 안 되며, 살도 1파운드보다 조금이라도 많거나 적게 베어내면 당신을 사형시키고 전 재산을 몰수할 것이다."

"그렇다면 원금만 받겠습니다."

"그렇게는 안 되네. 왜냐하면 그대가 이미 거절했으니까. 계약서대로 해야 하네."

샤일록의 얇은 입술이 파르르 떨렸다.

"정말 분통이 터져서 못 살겠군! 이런 재판은 더 이상 필요 없소. 난 돌아가겠소."

"기다리게. 선량한 베니스 시민 안토니오를 괴롭힌 죄가 한 가지 더 남았으니까. 베니스의 법에 따르면 베니스 시민의 생명을 위협한 죄인에게는 그에 합당한 벌이 있다. 이 자리에서 샤일록 당신이 안토니오의 생명을 위협했다는 사실은 모두가 아는 일! 따라서 샤일록의 전 재산을 몰수하여 절반은 안토니오에게 주고 절반은 국고에 넘길 것이다."

국고 : 현금을 수납하고 지급하는 주체로서의 국가를 이르는 말

샤일록은 그 자리에 털썩 주저앉았다. 그때 안토니오가 공작에게 다가오더니 귀에 대고 속삭였다.

"공작님, 제 몫으로 받게 될 샤일록의 재산 절반은 포기하겠습니다. 다만 샤

6. 베니스의 상인

일록이 죽은 뒤에는 자기 딸 부부에게 유산으로 물려준다는 계약서에 서명하도록 도와주십시오. 샤일록의 딸은 아버지의 뜻에 따르지 않고 기독교도인 제 친구와 결혼하는 바람에 지참금을 한 푼도 받지 못했습니다."

지참금 : 신부가 시집갈 때에 친정에서 가지고 가는 돈

안토니오의 말을 듣고 난 공작이 샤일록의 뜻을 물었다.

"그만 돌아가도록 허락해 주시오. 나중에 계약서를 보내 주면 내 딸에게 재산의 절반을 주겠다고 서명하겠소."

샤일록은 기어 들어가는 목소리로 대답했다.

"그럼 돌아가거라."

공작의 말이 떨어지기가 무섭게 샤일록은 휘청거리는 걸음걸이로 사람들 사이를 뚫고 사라졌다. 마침내 재판이 끝났다.

재판정에 모인 사람들은 젊은 재판관의 지혜로운 판결을 한결같이 칭찬했다. 친구들이 몰려와 안토니오를 얼싸안았다. 재판정은 사람들의 환호로 가득 찼다.

얼싸안다 : 두 팔을 벌리어 껴안다. 환호 : 기뻐서 큰소리로 부르짖음

바사니오는 젊은 재판관에게 고개 숙여 감사의 표시를 전했다.

"참으로 고맙습니다. 당신의 지혜로 내 친구 안토니오의 목숨을 살렸군요. 무엇이든 원하는 것은 다 해 드리겠습니다. 한 가지만이라도 말씀해 주세요."

그러자 잠시 망설이던 젊은 재판관은 못 이기는 척 입을 열었다.

"정 그러시다면 당신이 끼고 있는 그 반지를 주시오."

바사니오는 당황할 수밖에 없었다. 어느 누구에게도 주지 않겠다고 맹세한 포샤에게서 받은 바로 그 반지였기 때문이다.

"아니, 이건……. 이렇게 하찮은 물건 말고 다른 것을 말씀해 주시지요."

"그것이 아니면 됐소."

"이 반지 대신 베니스에서 가장 비싼 반지를 사 드리면 안 되겠습니까?"

"지금 나를 놀리는 거요?"

젊은 재판관이 화를 내자 안토니오가 섭섭해 하며 이렇게 말했다.

"이보게 친구, 이 젊으신 재판관님은 나를 구해 주신 내 생명의 은인일세. 자네, 혹시 그 반지가 아까워서 그러는 건 아닌가?"

은인 : 자신에게 은혜를 베푼 사람

상황이 이렇게 되자 바사니오도 어쩔 수 없이 반지를 빼서 젊은 재판관에게 주었다.

젊은 재판관은 반지를 끼고 가 버렸다. 두 사람은 난감한 표정을 지었다.

난감한 : 이렇게 하기도 저렇게 하기도 어려워 처지가 매우 딱한

얼마 뒤, 바사니오는 안토니오와 함께 사랑하는 아내가 기다리고 있는 벨몬트로 돌아왔다. 포샤는 남편의 절친한 친구 안토니오를 기쁘게 맞아들였다.

절친한 : 더할 나위 없이 아주 친한

"잘 오셨어요. 무사히 돌아오셔서 정말 다행이에요."

"미안하오. 재판관에게 반지를 주었소."

순간, 포샤의 표정이 싸늘하게 굳었다. 바사니오는 몇 시간 동안 애원도 하고 달래도 보았으나 부인의 화는 쉽게 풀리지 않았다. 보다 못한 안토니오가 나서서 모든 것이 자기 때문이라며 용서를 빌었다.

애원하다 : 소원이나 요구 따위를 들어달라고 애처롭게 사정하여 간절히 바라다

"안토니오님이 그렇게 말씀하시니 어쩔 수 없군요."

포샤는 냉랭하게 말했다. 그리고는 품에서 반지 하나를 꺼내 바사니오에게 건넸다.

"이 반지는 소중히 간직해 주세요."

"아니, 이건 내 재판관에게 준 바로 그 반지 아니오? 어찌된 일이지?"

영문을 몰라 멀뚱멀뚱 서 있는 남편을 보고 포샤는 까르르 웃었다. 포샤는 주머니에서 편지 한 통을 꺼내며 말했다.

"안토니오, 당신 앞으로 편지가 왔으니 읽어 보세요. 당신의 무역선 세 척이 베니스로 돌아오고 있대요."

편지를 읽은 안토니오의 얼굴이 기쁨으로 환하게 피어올랐다. 포샤의 방긋 웃는 얼굴을 보고 바사니오에게 퍼뜩 떠오르는 생각이 있었다.

퍼뜩 : 어떤 생각이 갑자기 아주 순간적으로 떠오르는 모양

"이제야 알겠소! 당신이 바로 그 젊은 재판관이었어."

바사니오는 포샤의 뛰어난 지혜에 다시 한 번 감탄했다. 그리고 앞으로 무슨 일이 있어도 반지를 잘 간직하겠다고 맹세했다. 포샤도 다시 한 번 영원한 사랑을 맹세했다.

하인들이 연주하는 음악의 선율에 따라 행복이 온 집안에 넘쳐흘렀다.

1 윗글에 나오는 등장인물에 해당하는 설명을 고르시오.

　　　　가. 안토니오 (　　)　　　나. 바사니오 (　　)
　　　　다. 샤일록　 (　　)　　　라. 포샤　　 (　　)

　① 유대인 고리대금업자로 매우 인색함
　② 예쁜 여자와 결혼하기 위해 많은 돈을 빌림
　③ 베니스의 무역상인으로 친구를 위해 돈을 빌림
　④ 재판관으로 변신하여 위기에 처한 남편 친구를 구함

2 안토니오가 샤일록에게 돈을 빌려야만 했던 이유는 무엇인가요?

3 샤일록은 안토니오가 빌린 돈을 갚지 못할 경우 어떻게 하기로 약속하였나요? 왜 그런 조건을 붙이게 된 것일까요?

4 안토니오가 샤일록의 돈을 제 날짜에 갚지 못하게 된 이유는 무엇인가요?

5 재판에서 샤일록에게 "살 1파운드를 베되, 피를 한 방울도 흘리지 마라."는 명쾌한 판결을 내려 안토니오를 살렸던 명판사는 누구인가요?

1 '배의 파산소식에 마지막으로 이별을 전하는 안토니오'

그리운 바사니오, 나의 전 재산으로 산 무역선 세 척이 모조리 가라앉아서 나는 파산을 하고 말았네. 샤일록과의 계약서에 서명을 했으니 도저히 살아남을 수 없을 것 같아. 내 마지막으로 꼭 한 번 자네의 얼굴을 보고 싶군.

안토니오

😊 안토니오가 되어 바사니오를 만나서 하고 싶은 말을 적어 보세요.

2 '원수를 갚을 좋은 기회를 잡은 샤일록'

고리대금업자인 샤일록은 안토니오의 배가 파산되어 빌려간 돈을 갚을 수 없게 되자, 그동안 안토니오에게 당한 치욕을 갚을 좋은 기회가 왔다고 생각합니다. 그런데 재판관은 살 1파운드를 떼어내겠다는 계약서와는 다르게 돈을 받고 마음을 돌려달라고 하네요.

😊 샤일록이 되어 그동안 안토니오가 자신에게 한 일과 그로 인해 상처받은 마음을 이야기 해 보세요.

6. 베니스의 상인

1 안토니오는 바사니오의 결혼자금을 대주기 위해 자신의 목숨을 걸고 샤일록에게 돈을 빌려다 줍니다. 험한 바다에 나간 배가 무사히 돌아올 거라고 믿고 말이죠. 안토니오의 행동에 대해 어떤 생각이 드는지 적어 보고 친구들과 토론해 보세요.

2 젊은 재판관은 친구의 생명을 살린 댓가로 사랑의 징표인 바사니오의 반지를 갖고 싶다고 고집합니다. 결국 바사니오는 반지를 주고 맙니다. 내가 바사니오였다면 어떻게 했을지 적어 보고 친구들과 토론해 보세요.

「베니스의 상인」을 읽고 우정의 아름다움과 지혜의 위력을 흠뻑 느꼈지요? 영국 사람들은 이런 작품을 써서 영국을 빛낸 셰익스피어를 영국 땅과도 바꾸지 않겠다고 했다 합니다. 그만큼 작가로서의 그를 자랑스럽게 생각하는 것이겠지요. 나는 어떤 직업을 가져서 대한민국이 자랑스러워하는 사람이 되고 싶은지, 어떤 노력을 통해서 꿈을 이룰 것인지 계획을 적어 보세요.

7 원숭이 꽃신

 ⟨흥부전⟩에서 흥부와 놀부가 한일은 무엇이며 그 일로 인해 어떤 일이 벌어졌습니까?

주인공	한 일	결 과
가. 흥부		
나. 놀부		

 인과관계란 무엇일까요?

 사건의 인과관계를 알면 어떤 점이 좋습니까?

 인물의 성격은 사건과 어떤 관련이 있습니까?

구연동화를 QR로 확인하세요.

인물의 성격이 사건에 어떤 영향을 끼쳤는지 생각하며 다음 글을 읽어 봅시다.

원숭이 꽃신

　원숭이는 입을 벌리고 연달아 하품을 하였다. 잣을 실컷 까먹은 뒤라 눈이 스르르 감기더니 이내 코를 골기 시작하였다.

　원숭이 마을에는 먹을 것이 얼마든지 있다. 봄이면 겨울 동안 결이 삭은 망개 열매가 있고, 조금 지나면 덩굴딸기가 익어 간다. 여름이 되면 머루와 다래, 으름이 지천으로 있다. 가을이 되면 잣이 영글어 원숭이의 먹이는 더욱 많아진다.

　원숭이 마을에 먹을 것이 많다는 소문은 멀리멀리 퍼져 오소리도 이 소문을 듣게 되었다.

지천 : 매우 흔함
오소리 : 족제비과의 하나. 너구리와 비슷하고 등쪽은 갈색, 털끝은 잿빛을 띤 백색이다. 얼굴은 원뿔모양이며 다리는 짧고 굵으며 앞발에는 큰 발톱이 있다

　'음, 어떻게 하면 원숭이 마을의 먹이를 몽땅 빼앗아 먹을 수 있을까?'

　오소리는 굴속에서 골똘히 생각에 잠겼다. 오소리는 한참을 생각하다 좋은 꾀가 떠올랐는지 박수를 치면서 침을 꼴딱 삼켰다.

　얼마 후에 원숭이는 자기를 부르는 소리에 잠이 깼다.

　"원숭이 나으리, 단잠을 깨워서 죄송합니다."

단잠 : 아주 달게 곤히 자는 잠

　오소리는 점잖게 머리를 숙이며 말하였다.

　"오, 난 또 누구시라고. 오소리 영감이 아니오?"

　원숭이는 겉으로는 반겼으나 속으로는 의심이 덜컥 났다.

　'이 놈이 아무래도 내 먹이를 뺏으려고 온 모양이다.'

　원숭이는 정신을 바짝 차렸다.

　"원숭이 나으리, 이거 마음에 드실는지 모르겠습니다만, 여기 작은 선물을 가져왔습니다."

　오소리는 보자기를 풀었다. 알록달록 오색 빛이 원숭이의 눈을 놀라게 했다.

　"이게 뭐지요?"

"아하, 이건 꽃신이라는 겁니다. 자, 발에다 끼워 보십시오. 신어 보시면 발이 폭신할 겁니다."

"……."

오소리는 어리둥절해하는 원숭이에게 꽃신을 신겼다.

"야, 이러고 보니 정말 점잖게 보입니다. 자, 걸어 보십시오. 이것은 선물로 드리는 것이니 조금도 걱정하시지 말고 신으십시오."

오소리의 칭찬과 아양에 원숭이도 우쭐해졌다.

아양 : 귀염을 받으려고 알랑거리는 말 또는 그런 짓

"오소리 영감이 신지 않고 나를 주십니까?"

"아이구, 나는 발이 본래 야만으로 생겨서 이렇게 좋은 것은 맞지 않습니다. 그리고 이건 우리 손으로 만드는 것이니 앞으로도 가져다 드리겠습니다."

야만 : 미개하며 문화수준이 낮은 상태

"고맙기는 한이 없습니다만, 무엇으로 갚아 드려야 할지?"

오소리는 속으로 타오르는 기쁨의 불길을 억지로 가누며,

"원, 천만에요! 우리가 바라는 것은 서로 사이좋게 지내는 것뿐입니다."

연신 꼬리를 휘저으며 콧잔등 가득히 웃음을 피웠다.

원숭이는 오소리로부터 받은 꽃신을 신기 시작했다. 처음에는 발이 좀 찝찝하기도 하고 나무에 오를 때는 오히려 둔하기도 했다. 그러나 돌밭을 치달리거나 작은 개울을 건너뛸 때면 발바닥이 아프지 않고 편리했다. 가을이 다 가고 찬바람이 가랑잎을 굴릴 무렵에 오소리가 또 찾아왔다.

찝찝하다 : 개운하지 않고 무엇인가 마음에 걸리는 데가 있다

가랑잎 : 활엽수의 마른 잎

"원숭이 나으리, 그동안 안녕하셨어요?"

오소리는 언제나처럼 꼬리를 휘저으며 아양을 떨었다.

"아, 오소리 영감님, 그 꽃신은 잘 신었소."

"아이구, 천만에! 사실은 가을도 가고 신도 다 떨어졌을 듯해서 다시 새 신을 가지고 왔습니다."

오소리는 또 한 켤레의 신을 내놓았다.

"원숭이 나으리, 발을 한번 봅시다."

오소리는 헌 신을 벗기고 새 신을 신겼다. 겨울철에 신는 푹신한 꽃신을 신고 원숭이는 좋아서 어쩔 줄을 몰랐다.

성의 : 정성스러운 뜻

"오소리 영감, 이건 변변하지 못하지만 내 성의니 받아 주시오."

변변하다 : 제대로 갖추어져 충분하다

원숭이는 잣 열 송이를 오소리에게 주었으나 오소리는 굳이 받지 않았다.

'나를 도와주는 고마운 오소리의 은혜를 무엇으로 갚을까?'

원숭이는 굴속에서 잣을 까먹으면서 오소리를 생각했다.

봄이 돌아오자 두 번째 꽃신도 바닥 창이 다 떨어지게 되었다. 원숭이는 이제부터 옛날처럼 맨발로 다니기로 했다.

"아얏!"

원숭이는 개울을 건너뛰다가 하도 아파서 그 자리에 쓰러지고 말았다. 그 사이 꽃신을 신어서 발바닥의 굳은 살이 다 없어졌기 때문이다.

굳은 살 : 잦은 마찰로 손바닥이나 발바닥 같은 곳에 부분적으로 두껍고 단단하게 된 살

"아이구 아이구, 이거 큰일났구나. 이젠 꽃신을 신지 않고는 걸을 수가 없구나."

원숭이가 아픈 발을 만지고 있는데, 언제 나타났는지 오소리가 와 있었다.

"원숭이 나으리, 왜 이러시오?"

"아이구, 오소리 영감, 마침 잘 오셨습니다. 내가 발이 아파 못 견디겠으니 그 꽃신 한 켤레만 주시오."

원숭이가 애타는 얼굴로 바라보자, 오소리는 전에 없던 거만스러운 태도로 대답하였다.

거만스러운 : 보기에 잘난 체하며 남을 업신여기는 데가 있는

"하, 그것 안됐구먼요. 도와 드릴 수는 있지만, 언제까지나 공짜로 드릴 수는 없습니다."

"예, 알겠습니다. 저, 잣을 드리겠습니다. 얼마나 드릴까요?"

"하, 아주 헐합니다. 다섯 송이만 주시오. 여기 꽃신을 가져왔습니다."

헐하다 : 값이 싸다

원숭이는 잣 다섯 송이를 주고 꽃신을 사 신었다.

봄이 가고 여름이 올 무렵, 원숭이의 꽃신은 다 낡았다. 이번에는 원숭이가 오소리를 찾았다.

"오소리 영감 계시오?"

"그 누구요? 지금은 낮잠 자는 시간이니 좀 기다려 주시오."

원숭이를 밖에서 한 식경이나 기다리게 했다.

한 식경 : 한 차례의 음식을 먹을 만한 시간

"원숭이 나으리, 어떻게 오셨소?"

"저, 꽃신이 다 낡아서 새로 하나 구하러 왔습니다."

"예, 도와 드리지요. 그런데 요새 값이 올랐습니다. 잣을 열 송이만 주시오."

'열 송이라…….'

원숭이는 아직도 헐하다고 생각했다.

세월이 또 흘러갔다. 원숭이의 발바닥은 더욱 보드랍게 약해졌다. 이제는 잠시도 신을 벗을 수가 없게 되었다. 가을바람이 불기 시작할 무렵, 또 신이 다 낡았다.

"이제부터 내가 신을 만들어 보자."

원숭이는 칡덩굴 껍질이며 억새풀 마른 것 따위를 가지고 신을 삼아 보려고 했다. 그러나 아무리 재주 있는 원숭이라도 잘 되지 않았다.

재주 있다 : 무엇을 잘할 수 있는 타고난 능력과 슬기가 있다

원숭이는 오소리에게 배우러 갔다.

"오소리 영감, 신 삼는 법 좀 가르쳐 주시오."

원숭이가 몇 번이나 고개를 숙여 부탁해도 오소리는

"바쁩니다." 할 뿐 가르쳐 주지 않았다.

"그럼 또 신을 한 켤레 주시오."

켤레 : 짝이 되는 두 개를 한 벌로 세는 단위

"잣 스무 송이를 내시오."

"오소리 영감, 어째 자꾸 비싸집니까?"

"허, 비싸면 맨발로 다니면 될 게 아니오."

오소리는 귀찮다는 듯 눈을 감고 낮잠을 청했다.

"할 수 없다. 이번만 사 신고, 다음에는 내가 만들자."

원숭이는 잣 스무 송이를 주고 샀다.

겨울이 닥칠 무렵, 또 신을 사야 했다.

"이건 겨울 신이니 더 비쌉니다. 잣 백 송이만 주시오."

"……."

원숭이는 말문이 막히고 분한 마음이 칵, 치밀었다.

"하아, 왜 말이 없소? 우리는 남이 싫어하는 짓은 하지 않소. 싫거든 맨발로 다니십시오."

원숭이는 아무 말도 못 하고, 잣 백 송이를 오소리 앞에 가져다 바쳤다.

"이번 신은 더 좋은 것이오. 자, 여기 있소. 우리는 남을 돕기 좋아하오."

오소리는 이렇게 말했다. 원숭이는 겨울 동안 어떻게 하든지 제 손으로 꽃신을 만들어 볼 생각을 했다.

매일 굴속에서 연구를 했다. 그러나 겨울이 다 가고 봄이 돌아오도록 원숭이는

꽃신을 만들지 못하였다. 게다가 원숭이에게는 남은 잣이 없었다.

"무엇을 도와 드릴까요?"

오소리는 수염을 만지작거리며 말했다.

"신을 새로 사야겠는데 잣이 하나도 없습니다. 제발 좀 도와주십시오."

원숭이는 맥이 풀리고 침이 말랐다.

맥이 풀리다 : 기운이나 긴장이 풀리다

"하아, 도와 드리지요. 그럼 이렇게 합시다. 일 년에 꽃신 네 켤레를 드리겠소. 잣은 가을에 가서 받기로 하지요. 그 대신 잣을 오백 개 주셔야 합니다."

"예?"

원숭이는 기가 막혔다.

"왜 대답이 없소?"

"잣을 다 거두어도 오백 송이가 안 됩니다."

"그러면 이렇게 합시다. 잣은 삼백 송이만 주시고 그 대신 원숭이 나으리께서 날마다 우리 집 청소를 하고, 내가 이 개울을 건널 땐 업어 주셔야 합니다."

나으리 : '나리'의 비표준어. 저보다 사회적 신분이나 지위가 높은 사람을 높여 부르는 말

"내게 종이 되라는 것이군요."

"천만에! 종이라는 말이 어디 있습니까? 우리는 남의 권리를 존중합니다. 서로 맡은 일을 다 하는 것이지요."

"……."

원숭이는 할 수 없이 오소리의 말대로 해야 했다. 오늘도 원숭이는 오소리의 굴을 깨끗이 청소하여 주었다.

"청소가 잘 됐소. 자, 그러면 이제 나를 업고 개울을 건너 주시오."

원숭이는 오소리를 업고 걸었다. 이마에서 땀이 솟고, 숨결이 고달파졌다. 바삭바삭 바삭바삭…….

원숭이의 꽃신이 개울가 모래밭을 밟고 간다. 오소리는 하늘을 쳐다보며 소리 없이 웃었다. 원숭이는 개울물에 비친 제 꼴을 내려다보며 명치끝이 아리고 아픈 것을 느꼈다.

명치 : 사람의 복장뼈 아래 한가운데의 오목하게 들어간 곳. 급소의 하나

'내 손으로, 내 손으로…….'

원숭이는 꽃신이 디디는 발자국마다 다짐을 했다.

'원숭이 꽃신'의 이야기 구조를 잘 살펴보고 전체의 이야기를 8컷 만화로 표현해 봅시다.

7. 원숭이 꽃신

1 '원숭이의 잣을 빼앗으려고 아첨하는 오소리'

> 너는 오소리다. 원숭이들은 맛난 잣을 자기들끼리만 실컷 먹고 나무 위에서 잠을 자는구나. 자, 이제부터 원숭이 마을의 잣을 몽땅 가져오는 작전 개시!

😊 원숭이들이 본심을 눈치채지 못하도록 꽃신을 선물하려면 어떻게 말할지 써 보세요.

....
....
....

2 '오소리의 종이 되어 억울해하는 원숭이'

> 원숭이는 꽃신 때문에 오소리의 굴을 청소도 해주고, 오소리를 업고 개울을 건너주어야 하는 신세가 되었어요.

😊 자신을 종으로 삼아버린 오소리에 대한 생각과 오소리의 꾀에 넘어간 자신의 행동을 반성하는 글을 써 보세요.

....
....
....

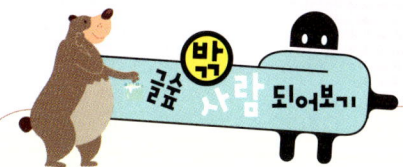

1 남이 나를 칭찬해 줄 때 칭찬하는 상대에 대해 어떤 생각이 들던가요? 또한 내가 남을 칭찬하는 경우에는 어떤 이유 때문에 칭찬하게 되던가요?

가. 남이 나를 칭찬해 줄 때 드는 생각	
나. 내가 남을 칭찬해 주는 경우	

2 만약 내가 몹시 가지고 싶은 물건을 가진 사람이 내 주변에 있을 때, 난 그 물건을 가지기 위해 어떻게 할 것인지 생각해 보고 적어 보세요.

3 평소 가까운 사람에게 속임을 당했다는 것을 나중에 알게 되었을 때 내 자신과 상대방에 대해 어떤 생각이 들까요?

가. 상대방에게 속은 내 자신에 대한 생각	
나. 나를 속인 상대방에 대한 생각	

글숲 여행을 마치며

🔊 사람은 누구나 칭찬받기를 좋아합니다. 그러나 원숭이처럼 남의 칭찬을 무분별하게 받아들였다가는 낭패를 볼 수도 있습니다. 칭찬에 귀가 멀어 오소리의 종이 되어 버린 원숭이에게 격려와 위로와 충고의 말을 전하는 편지를 써 보세요.

마당을 나온 암탉

1. '암탉'하면 어떤 단어나 장면이 떠오르는지 적어 보세요.

2. '마당을 나온 암탉'이라는 제목을 보고 떠오르는 생각이나 느낌은 무엇인지 적어 보세요.

3. 다소 이루기 어려운 꿈을 정하고 열심히 노력하는 사람을 보면 어떤 생각이 드는지 적어 보세요.

구연동화를
QR로 확인하세요.

인물의 마음과 행동을 생각하며 다음 글을 읽어 봅시다.

마당을 나온 암탉

알을 낳지 않겠어!

양계장 : 닭을 기르기에 필요한 설비를 갖추어 두고 닭을 먹여 기르는 곳

잎싹은 난용종 암탉이다. 다시 말하면 양계장에서 주인이 주는 대로 먹이를 먹
난용 : 알을 낳게 함을 목적으로 기르는 닭의 품종
고 알만 낳아야 하는 닭이다. 잎싹은 양계장에 들어온 뒤부터 알만 낳으며 일 년
넘게 살아왔으나 마당에 사는 암탉이 앙증맞은 병아리를 까서 데리고 다니는 것
앙증맞은 : 작으면서도 갖출 것은 다 갖추어 아주 깜찍한
을 본 뒤로 자신도 소망을 가졌다. 소망이란 바로 알을 품어서 병아리의 탄생을
보는 것이었다.

양계장 주인은 닭들이 낳은 알을 낳는 족족 가져갔고 바구니에 담긴 알이 밖
으로 나간 뒤에는 어떻게 되는지 알 수도 없었다. 잎싹은 자기가 낳은 알을 발끝
으로조차 만져볼 수 없는 뿐더러 알이 점점 작고 볼품없이 나오자 눈물을 흘리
며 다짐하였다.

'절대로 알을 낳지 않겠어! 절대로!'

닭장을 나오다

모이도 먹지 않고 일주일이나 알을 낳지 못하자, 주인 부부는 닭장에서 잎싹
을 바라보며 이렇게 말했다.

"폐계야. 그만 닭장에서 꺼내야겠는걸."
폐계 : 버려야 할 닭

잎싹은 드디어 마당에서 살게 됐다는 생각에 가슴이 두근거렸다. 그러나 며칠
간 먹지 못한 잎싹은 함께 던져진 다른 힘센 폐계들에게 눌려 그만 정신을 잃었다.

시간이 얼마나 흘렀을까. 비가 내리고 있었다. 몸이 흠뻑 젖은 채로 눈을 뜬 잎
싹은 주변을 돌아보고 깜짝 놀랐다. 자신이 던져진 곳은 죽은 암탉들이 수북이
쌓인 구덩이였다. 잎싹은 벌떡 일어나 자기도 모르게 꼬꼬거리며 뛰어다니기 시
작했다. 그러나 아무리 뛰어다녀도 그 구덩이를 벗어날 수 없었다.

족제비: 몸은 누런 갈색이며 입술과 턱은 흰색, 주둥이 끝은 검은 갈색이다. 네 다리는 짧고 꼬리는 굵으며 길다. 적에게 공격을 받으면 항문샘에서 악취를 낸다

잎싹의 머리 위쪽에선 먹이를 노린 족제비가 어슬렁어슬렁 기회만 엿보고 있었다. 잎싹은 그 죽음의 구덩이에서 청둥오리의 도움으로 살아나게 되었고 위험에서 벗어나 다시 마당으로 돌아왔다.

마당 식구들

마당으로 돌아온 잎싹은 마당에서 친구들과 행복하게 살고 싶었다. 그러나 마당에 살고 있는 개와 암탉, 오리들은 으름장을 놓기도 하고 비웃기도 하며 잎싹을 따돌렸다.

청둥오리: 오리과의 새. 수컷은 머리와 목이 광택이 있는 녹색이고 흰 띠가 둘려 있으며 부리는 갈색. 꽁지는 흰색이나 암컷은 전체적으로 갈색을 띠며 어두운 갈색의 무늬가 있다. 남쪽에서 겨울을 보내며 우리나라에는 흔한 겨울새다

청둥오리는 마당 친구들이 잎싹에게 하는 행동을 자제해주기를 간청했고 헛간에서 잠잘 수 있도록 친구들을 설득하여 하룻밤은 무사히 지내게 되었다.

그러나 마당 친구들은 그 다음날 잎싹에게 마당에서 나가줄 것을 명령하였고 마당에 있는 먹이를 먹지 못하도록 하였다. 굶주림에 견디지 못한 잎싹은 밭으로 나가 먹이를 찾기 시작했다.

친구

잎싹은 낮에는 밭에서 배추벌레도 잡아먹고 시원하게 낮잠도 자며 지냈으나 날이 어두워지자 족제비가 올까 봐 걱정이 되었다. 그래서 마당 식구들에게 다시 가서 잠자리를 청했으나 아무도 도와주려고 하지 않고 오히려 닭장 속을 뛰쳐나와 다른 일을 해보고자 하는 잎싹을 이해하지 못하겠다는 표정을 하였다.

알을 품어서 병아리의 탄생을 보고 싶다는 소망을 이루기는커녕 들판을 쏘다니며 싱싱한 먹이를 찾는 일밖에는 할 게 없는 생활이 되자 잎싹은 우울해지기 시작했다. 청둥오리마저 뽀얀 짝이 생겨 어디론가 떠나버리자 잎싹은 마당에서 더 이상 살기 싫어졌다.

잎싹은 보금자리를 찾아 야산 자락의 찔레덤불로 다가갔다. 그곳에는 약간 푸른 빛이 도는 흰 알이 있었다.

'누가 낳았을까? 아직 따뜻하구나. 내가 너를 품어주마. 무서워하지 마라.'

잎싹은 부리로 가슴 털을 뽑아 따뜻이 감싸 안고 알을 품는 순간 목이 메었다. 그토록 바라던 걸 이루게 된 사실이 꿈만 같았다.

> 검불 : 가느다란 마른 나뭇가지, 마른 풀, 낙엽 따위를 통틀어 이르는 말

아침이 되어 잎싹은 알을 더 따뜻하게 해줄 검불을 찾아 물고 찔레덤불 속으로 들어가려는 순간 지치고 슬픈 얼굴로 잎싹을 뚫어져라 보는 청둥오리를 발견하였다.

청둥오리는 하루 종일 말없이 알을 품고 있는 잎싹을 바라보다가 해가 솟을 무렵이 되자 저수지로 날아가 물고기를 물어다가 찔레덤불 앞에 놓고 갔다.

이별과 만남

청둥오리는 날마다 물고기를 물어 왔다. 덕분에 잎싹은 배를 곯지 않고 알을 품을 수 있었다. 왜 헛간에 돌아가지 않는지, 왜 먹이를 챙겨 주는지, 왜 문지기처럼 밤마다 덤불 주변을 서성거리는지 잎싹은 모든 게 궁금했지만 물을 수 없었다.

> 헛간 : 막 쓰는 물건을 쌓아 두는 광. 흔히 문짝이 없이 한 면이 터져있다

청둥오리는 달빛이 환한 밤에 주로 날개를 펴고 뛰어다녔다. 청둥오리가 한잠도 자지 않고 난리를 치던 날 잎싹은 밤에 소리내지 말 것을 당부하였다.

"알이 깰 때까지, 어쩌면 그믐달이 뜰 때까지만……."

> 그믐달 : 음력 26~27일경 새벽에 떠서 해 뜨기 직전까지 동쪽 하늘에서 관찰이 가능한 달

그렇게 지내던 어느 날, 달도 없는 캄캄한 어둠 속에서 청둥오리가 안간힘을 쓰면서 퍼덕이고 있었다. 족제비가 청둥오리의 숨통을 조이고 있었던 것이다. 잎싹은 벌떡 일어나 눈을 부릅뜨고 날개를 퍼덕이며 뛰어나갔으나 친구가 비참하게 죽어가는 광경을, 축 늘어진 채 물려가는 모습을 지켜봐야만 했다.

'청둥오리는 그동안 족제비 때문에 밤마다 깨어 있었던 거야. 나를 위해서, 내 알을 지키려고. 그믐달처럼 홀쭉해진 족제비 배 때문에 밤마다 깨어있었고 알이 무사히 깰 수 있도록 그 배를 채워준 것이었구나. 흑흑!'

아침이 되어 청둥오리가 늘 앉았던 자리를 바라보며 친구에게 작별하는 마음으로 홰를 치며 돌아서는 순간, 찔레덤불 속에서 아장아장 걸어나오는 아기를 발견하였다.

"오, 세상에!"

잎싹은 넋을 잃고 서 있다가 달려가 날개를 펴고 아기를 감싸안았다. 작지만 따뜻한 온기를 가진 진짜 아기였다. 이별과 만남이 동시에 오다니.

마당을 나오다

잎싹은 연한 갈색 털을 가진 아기를 데리고 마당으로 당당하게 돌아갔다. 알이 깨면 보금자리를 떠나라던 청둥오리의 말대로 안전한 장소로 가야만 했기 때문이다.

보금자리 : 새가 알을 낳거나 깃들이는 곳

그러나 마당식구들은 잎싹과 아기를 번갈아 쳐다보며 야유를 했다. 아기는 오리새끼이며 폐계가 누구의 자식인지도 모를 새끼를 데려온 건 망측한 일이라고 수근거렸다. 잎싹은 그동안 청둥오리의 말과 행동을 되돌아 생각해 보았다.

야유 : 남을 빈정거려 놀림

'아기는 뽀얀 오리가 낳은 알이었구나. 청둥오리는 모든 것을 알고 그렇게 말하고 행동했던 거야.'

날이 밝아오자 잎싹은 마음을 굳게 먹고 아기와 함께 어둠 속을 걸어 나갔다. 발톱에 힘을 주고, 부리를 굳게 다물고, 눈을 부라린 채 앞만 보면서 마당을 떠났다.

떠돌이와 사냥꾼

아기를 데리고 저수지로 가는 길은 무척 험했다. 문지기도, 헛간도 없는 들판 생활이 시작된 것이다. 족제비에 대한 두려움을 잠시도 잊을 수 없는 떠돌이 신세였다. 잎싹은 갈대숲을 살림터로 잡았다.

떠돌이 : 정한 곳이 없이 이리저리 떠돌아다니는 사람

아기는 날마다 헤엄을 치며 하루가 다르게 자랐고 자맥질을 해서 고기도 잘 잡았다. 그래도 저녁이 되면 아기는 여전히 잎싹의 날개 밑에서 잠자기를 좋아했다.

자맥질 : 물속에서 팔다리를 놀리며 떴다 잠겼다 하는 짓

어느 날, 아기는 꽤 멀리까지 나가서 헤엄을 치더니 우두머리 오리와 함께 돌아왔다. 우두머리 오리는 이렇게 사는 건 위험하니 헛간으로 가자고 했다. 잎싹은 눈을 부라리고 우두머리를 쏘아보았다.

오리들이 알았으면 족제비도 알게 된다고 생각한 잎싹은 아기를 데리고 또 다른 보금자리를 찾아 길을 떠났다. 아니나 다를까, 검은 그림자가 갈대밭으로 다가가는 게 보였다. 족제비가 틀림없었다.

이튿날, 잎싹이 갈대밭으로 가보니 거기에 살던 개개비의 둥우리가 찢어지고 깨진 알이 널려 있었다. 암컷을 잃은 수컷 개개비의 슬픈 울음소리만이 갈대밭을 맴돌고 있었다.

개개비 : 휘바람샛과의 새.

잎싹은 진저리를 치며 그곳을 떠났다. 그리고 다짐했다. 어디에도 보금자리 따위는 만들지 않겠다고. 사냥꾼 족제비가 닥치기 전에 그림자를 알아채면서 살아가겠다고.

진저리 : 으스스 떠는 몸짓

엄마, 나는 꽥꽥거릴 수밖에 없어

장마철이 되어 잎싹에게는 괴로운 날들이 계속되었으나 아기는 잘 자라서 제법 오리 티가 났다. 잎싹은 '초록머리'라는 이름을 지어 주었다.

초록머리가 바위 위에서 넋을 놓고 있을 때 족제비가 나타났다. 잎싹은 날개를 퍼덕이며 쏜살같이 달려들어 앙칼지게 쪼았다. 부리를 단단히 쥔 잎싹은 족제비와 한 덩어리가 되어 비탈을 구르다 정신을 잃었다.

앙칼지다 : 매우 모질고 날카롭다

눈을 뜬 잎싹은 주위를 둘러보며 초록머리를 찾았다. 아, 그런데 초록머리가 날갯짓하며 공중에 떠있는 게 아닌가. 도망치려고 안간힘을 쓰는 순간 날아올랐던 것이다. 초록머리가 날개를 펴서 다친 잎싹을 감싸 안았다. 잎싹은 눈물을 보이지 않으려고 입을 꽉 다물었지만 오늘만큼은 소용없었다.

어느 날, 초록머리는 잎싹에게 이렇게 말을 꺼냈다.
"엄마, 나 오랫동안 생각해 봤어요. 엄마가 나를 사랑하는 건 알지만 우린 서로 다르잖아. 엄마는 마당으로 가요. 난 무리에 낄 테야!"

무리 : 사람이나 짐승, 사물 따위가 모여서 뭉친 한 동아리

잎싹은 가슴이 무너지는 것 같았다. 잎싹은 밤새 뒤척이며 잠을 이루지 못하다가 새벽이 되어 저수지로 날아가는 초록머리를 비탈에 서서 지켜보았다. 집오리 떼는 초록머리에게 냉정하게 소리를 질러대고 공격하기도 했다. 부리에 쪼이면서도 초록머리는 무리를 기웃거렸다.

해가 질 무렵, 초록머리는 마당으로 돌아가는 우두머리의 무리에서 조금 떨어진 채 뒤뚱거리며 그들을 따라갔다. 잎싹은 목청을 돋워 초록머리를 불렀으나 아무도 돌아보지 않았다. 잎싹은 멀찍이 떨어져서 초록머리를 따라갔다.

저수지의 나그네들

나그네 : 자기 고장을 떠나 다른 곳에서 잠시 머물거나 떠도는 사람

주인 여자는 초록머리를 양계장 기둥에 묶고 말았다. 잎싹은 안타까운 마음으로 마당 근처를 오락가락했으나 주인 부부가 아니면 묶인 것을 풀 수 없었다. 족제비가 나타나 마당의 수탉을 잡아가자 주인 여자는 기둥에서 끈을 풀어 초록머리를 헛간으로 데려가려 했다. 잎싹은 미친듯이 달려가 주인 여자에게 달려들어

8. 마당을 나온 암탉

쪼아대기 시작했다. 주인 여자가 초록머리의 끈을 놓치는 순간 초록머리는 힘차게 날아올라 끈을 매단 채로 야산 너머로 사라졌다. 잎싹도 재빨리 마당을 빠져나와 저수지로 향하였다.

어느 날, 저수지에 청둥오리 떼가 나타났다. 잎싹은 청둥오리가 왜 저수지로 가기를 바랐는지 알게 되었다. 청둥오리는 아기가 자라서 날기를 바랐고 자기 족속을 따라가기를 바랐던 것이다. 잎싹은 날개를 벌려서 다 자란 초록머리의 몸을 꼭 껴안았다. 어쩌면 이렇게 초록머리와 함께 할 시간은 두 번 다시 오지 않을 것 같았기 때문이다.

족속 : 같은 계통에 속하는, 같은 핏줄을 이어받은 민족

사냥꾼을 사냥하다.

초록머리는 잎싹을 떠나 무리에게 갔다. 그러나 그들은 초록머리를 탐탁하게 여기지 않았다. 발에 매인 끈이 사람에게서 도망친 오리라는 인상을 주었기 때문이었다. 잎싹이 밤새도록 끈을 쪼아대어 끈을 잘라 주었다. 새벽이 되었을 때 잎싹은 너무도 지치고 부리가 아파서 바닥에 엎드려 일어나지 못했다.

탐탁하게 : 마음에 들어 만족하게

잎싹은 비탈진 언덕 위에 서서 족제비들의 움직임을 주시하며 무리들 속에 섞여 잘 보이지 않는 초록머리를 발견하기 위해 애를 썼다.

초록머리는 온갖 수모를 참으며 무리들과 어울리기 위해 노력하느라 지치고 야위어 갔다. 잎싹은 지친 초록머리를 바라보자 몹시 마음이 아팠다.

수모 : 모욕을 당함. 창피당함

잎싹은 초록머리와 같이 있고 싶었지만 사냥꾼을 피해 갈대밭을 떠나가는 무리들 속에 초록머리를 보내지 않을 수 없었다.

따뜻한 바람이 불어오자 나들이를 나온 집오리들은 힘차게 날아오르는 초록머리를 보고 잎싹을 향해 존경을 표시했다. 잎싹은 흐뭇한 마음으로 천천히 거닐다가 마른 풀 속에서 이제 막 태어나 눈도 못뜬 족제비 새끼들을 발견했다.

나들이 : 집을 떠난 가까운 곳에 잠시 다녀오는 일

야산을 넘어간 청둥오리 떼가 돌아오는 소리가 나서 갈대밭을 내려다보는 순간, 제일 먼저 내려앉는 초록머리를 노리는 족제비를 발견하였다. 잎싹은 벼락같이 소리치며 사납게 달려갔다. 사냥을 방해당한 족제비는 무척 화가 나서 분노로 눈이 번득였다. 잎싹은 족제비의 아기에게로 달려가 어린것들을 움켜쥐었다. 정말 그러고 싶지 않았지만 다른 방법이 없었다. 족제비는 제발 조심해 줄 것을 떨

리는 목소리로 애원하였다. 잎싹은 가엾은 어린것들을 살짝 놓았다. 대신 배고픈 족제비에게 논에 있는 짚가리속에 들쥐 무리가 있음을 알려주었다.

짚가리 : 짚단을 쌓아올린 더미

아카시아꽃처럼 눈이 내릴 때

봄이 되어 야산에는 산수유 노란 꽃까지 피었다. 잎싹은 매일 저수지 가장자리를 거닐었다. 그러나 초록머리는 단 한 번도 헤엄쳐 오지 않았다. 잎싹은 온종일 거닐다가 지쳐서 비탈로 돌아왔다. 주위에는 늘 족제비가 얼씬거렸지만 이젠 늙어서 더 이상 달아날 기운도 없었다.

가장자리 : 둘레나 끝에 해당되는 부분

바람이 점점 거세져서 메마른 들판을 할퀴며 돌아다니는 어느 날, 청둥오리들은 북쪽 겨울나라로 떠나기 위해 하늘로 날아올랐다. 문득 초록머리가 무리에서 떨어지더니 비탈을 향하여 낮게 날아왔다.

잎싹은 날개를 활짝 벌리고 초록머리를 맞으려고 했으나 초록머리는 잎싹의 머리 위를 잠시 돌았을 뿐 날개를 스치며 "엄마!"를 외친 게 전부였다. 잎싹은 초록머리가 일으키는 바람을 맞으며 멍하니 서 있었다. 그러다가 뒤늦게야 그것이 마지막 인사라는 걸 알아차렸다.

초록머리는 다시 높이 날아올라 멀어진 무리를 뒤따라가느라 힘차게 날갯짓을 했다. 잎싹은 언젠가 말하려고 간직했던 많은 이야기가 한꺼번에 솟구쳐 올라왔으나 단 한 마디의 말도 되지 못하고 그저 울음으로 터져 버렸다.

잎싹은 숨쉬기가 고통스러웠다. 혼자 남는다는 게 너무나 싫고 두려웠다. 어느 틈엔가 굶주린 족제비가 와 있었다. 잎싹은 퀭한 족제비의 눈을 바라보면서 물컹하던 어린것들을 떠올렸다.

퀭한 : 눈이 쑥 들어가 기운 없어 보이다

"자, 나를 잡아먹어라. 그래서 네 아기들 배를 채워라."

잎싹은 눈을 감았다. 순간 목이 콱 조였다. 무척 아플 줄 알았는데 오히려 뼈마디가 시원해지는 느낌이었다.

눈앞이 차츰 밝아지기 시작하더니 몸이 깃털처럼 떠올랐다. 크고 아름다운 날개로 바람을 가르며 잎싹은 아래를 내려다보았다. 비쩍 말라서 축 늘어진 암탉을 몰고 사냥꾼 족제비가 힘겹게 걸어가고 있었다.

1 잎싹의 소망이 무엇이었는지 적어 보세요.

2 철망 안에 갇힌 잎싹이 소망을 이루기 어려운 까닭은 무엇인지 적어 보세요.

3 알을 품으며 잎싹은 어떤 느낌이 들었습니까?

4 '마당을 나온 암탉' 이야기 중에서 가장 인상 깊었던 장면을 골라 그림으로 표현해 보세요.

1. '자기 알을 품고 있는 잎싹을 보고 놀란 청둥오리'

나는 청둥오리다. 잠깐 밖에 나갔다 돌아오니 내가 배신한 잎싹이 내 알을 품고 있구나.

청둥오리가 되어 잎싹에게 하고 싶은 말을 해 보세요.

....
....
....
....

2. '잎싹을 떠나 자기 무리와 함께 떠나는 어린 청둥오리'

초록머리는 언제까지나 자신을 길러준 엄마 잎싹과 함께하고 싶었지만 자기들의 무리로 돌아가지 않을 수 없었어요.

초록머리가 되어 엄마에게 마지막으로 하고 싶은 이야기를 해 보세요.

....
....
....
....

1 잎싹은 아기오리가 청둥오리의 새끼라는 걸 알면서도 자기 자식처럼 정성껏 길렀습니다. 이런 잎싹에 대해 어떤 생각이 들었는지 그리고 왜 그렇게 생각했는지 이유도 말해 보세요.

2 초록머리는 자신을 품어서 태어나게 해주고 정성으로 길러준 엄마를 혼자 내버려두고 자기들의 무리를 따라 떠나네요. 잎싹은 무너지는 가슴을 쓸어내리며 밤새 한잠도 못자는데 이별을 앞둔 잎싹과 초록머리에 대한 나의 생각을 적어 보고 친구들의 의견도 들어 보세요.

글숲 여행을 마치며

🌱 잎싹은 편안히 잘 살 수 있는 마당을 나와 안전장치도 없는 들판에서 초록 머리를 길렀습니다. 마지막에는 자신을 평생 괴롭혔던 족제비 새끼들의 먹이로 자신의 목숨을 내놓았습니다.

어렵고 힘든 생을 마치고 가볍게 하늘나라로 날아가는 잎싹에게 어떤 말을 해 주고 싶은지, 나는 어떻게 살고 싶은지 적어 보세요.

나의 라임오렌지나무

 '나의 라임오렌지나무'를 쓴 작가와 주인공은 누구인가요?

2 이 글의 주인공인 제제는 라임오렌지나무와 친구가 되어 대화를 나누며 지냅니다. 나는 기쁠 때나 힘들 때, 누구와 이야기를 나누면서 기쁨을 나누고 위안을 받아왔는지 생각해 보고, 하나의 예를 써 봅시다.

3 제제는 장난이 심하여 매를 맞거나 꾸중을 듣는 일이 잦습니다. 내가 어른들께 혼나는 경우는 주로 어떤 이유 때문인지 생각해서 적어 봅시다.

구연동화를 QR로 확인하세요.

장난꾸러기 제제가 철이 들면서 슬픔을 발견해가는 모습을 상상해 보며 다음 글을 읽어 봅시다.

나의 라임오렌지나무

우리 집은 매우 가난하였다. 아빠는 직장에서 쫓겨나 일자리를 잃은 지 여섯 달이 넘었고, 집세는 여덟 달이나 밀려 있었다. 엄마는 키가 크고 날씬한 미인이었지만 방직공장에 다니면서 시간이 날 때마다 남의 집 빨래를 맡아했다. 랄라 누나도 가정형편을 돕기 위해 공장에 나갔고, 또또까 형도 집안에 조금이나마 보탬이 되고자 성당에서 복사 일을 하였다.

일자리 : 생계를 꾸려나갈 수 있는 수단으로서의 직업
집세 : 집을 빌린 사람이 지급하는 사용료
방직공장 : 실을 뽑아서 천을 짜는 공장
복사 : 신부의 미사를 돕는 일

나는 대부분 얌전히 잘 놀았으나 내 마음 속 악마가 나를 부추기면 어김없이 일을 저질러 놓았다. 예를 들면, 날카로운 유리 조각으로 빨랫줄을 끊어서 많은 빨래를 한 번에 떨어뜨렸고, 그런 사실을 알게 된 누나로부터 눈물이 나도록 아프게 등을 두들겨 맞았다.

우리는 크리스마스를 지내고 새로운 집으로 이사를 해야 했다. 엄마가 새 집을 보러 가자고 말씀하셔서 우리들은 엄마를 따라갔다. 엄마가 대문을 열자, 형제들이 후다닥 안으로 뛰어들어가서 자기의 나무를 잡았다. 나의 나무는 없어서 울상을 짓고 있었다. 그런데 어딘가에서 무슨 소리가 들려왔다. 나는 깜짝 놀라 벌떡 일어나서 어린 나무를 자세히 살펴보았다.

"정말 네가 말을 하는 거니?"

"내가 하는 말을 지금 듣고 있잖아?"

나무는 그렇게 말하고 나지막이 웃었다. 난 하마터면 비명을 지르며 뒤뜰을 뛰쳐나갈 뻔했지만 호기심이 나를 묶어 놓았다. 나무는 자신이 얼마나 부드러운지 가지에 올라타 보라고 하였다. 나는 나무가 시키는 대로 해본 후 이제 누나나 형이 망고나무나 타마린나무랑 바꾸자고 빌어도 절대 바꾸지 않기로 마음먹었다.

하마터면 : 조금만 잘못했더라면 위험한 상황을 겨우 벗어났을 때에 쓰는 말이다

얼마나 슬픈 성탄 만찬이었는지 나는 기억조차 하고 싶지 않다. 모두들 아무 말없이 음식을 먹었다. 아빠는 모자를 집어 들고 밖으로 나가 버렸다. 나간다는 말도, 성탄을 축하한다는 말도 없이 슬리퍼를 신은 채, 그렇게 나가 버렸다. 엄마도 방으로 들어가 버렸다.

만찬 : 저녁식사로 먹기 위해 차린 음식
성탄 : 성인이나 임금의 탄생

크리스마스 아침, 잠에서 깨기가 무섭게 난 방문을 열어젖혔다. 그러나 기대와는 달리 운동화는 텅 비어 있었다. 나는 온갖 감정이 복받쳐 올라 나도 모르게 소리쳤다.

복받치다 : 감정이나 힘 따위가 속에서 조금 세차게 치밀어 오르다

"아빠가 가난뱅이라서 진짜 싫어."

아빠의 눈은 슬픔으로 굉장히 커져 있었다. 아빠는 잠시 우리를 멍하니 바라보다가 서랍장 위에 놓인 모자를 집고는 다시 나가 버렸다. 그제야 또또까 형이 내 팔을 때렸다.

"아빠가 거기 계신 줄 몰랐어."

"나쁜 자식, 너도 아빠가 오래 전부터 실직자라는 걸 알잖아. 너도 이다음에 자식이 생기면 이럴 때 마음이 얼마나 아픈지 알게 될 거야."

실직자 : 직업을 잃은 사람

나는 울음을 참을 수 없었다. 나는 길거리로 뛰쳐나가 아빠의 다리에 매달려 내가 정말 나쁜 애였다고 말하고 싶었다.

나는 구두닦이 통을 들고 거리로 나왔다. 나는 손님을 기다리기 위해 여기저기 돌아다녀 보기도 하고, 가게 앞에 앉아있어 보기도 하였지만 한 푼도 벌지 못했다. 하지만 난 무슨 일이 있어도 돈을 벌어야만 했다.

구두닦이 : 구두를 닦는 일. 그 일을 업으로 하는 사람

카지노 수위 아저씨는 오늘 같은 날에도 구두를 닦느냐며 200헤이스 대신 500헤이스를 주고 갔다. 이미 오후 2시가 넘었고 사람들도 제법 많이 오갔지만 구두를 닦겠다는 사람은 없었다.

"구두 닦으세요. 아저씨! 가난한 사람들이 크리스마스를 잘 보낼 수 있게 도움을 주세요."

그때 고급 승용차 한 대가 가까이 멈춰 섰다. 잘 차려입은 부인이 소년을 시켜 호주머니에 500헤이스를 넣어 주고는 가버렸다. 이미 4시가 넘었다. 나의 마음을 무겁게 하는 아빠의 눈이 계속 나를 쫓아다녔다. 골목길에 들어서자, 부자 친구인 세르지뉴가 아직도 더 필요한 200헤이스를 빌려주었다.

나는 상점으로 가서 담배를 사들고 곧장 집으로 달려갔다. 날은 이미 어두워져 있었다. 부엌에만 희미한 호롱불이 켜져 있었다. 모두들 외출했는지 아빠 혼자 식탁에 앉아 텅 빈 벽을 바라보고 있었다.

호롱불 : 호롱에 켠 불

"아빠, 이것 보세요. 아빠 드리려고 아주 좋은 걸 샀어요."

나는 성냥을 가져와 아빠의 입에 물린 담배에 불을 붙였다. 그러자 마음속 깊숙한 곳에서 감정이 북받쳐 올랐다. 온종일 나를 괴롭히던 그 커다란 고통이 모두 폭발하여 솟아올랐다.

"아빠, 그럴 마음이 아니었어요. 그런 말을 할 생각은 전혀 없었어요."

아빠는 내 등을 토닥여 주고 옆에 놓인 냅킨으로 눈물을 닦아 주었다. 나는 손을 뻗어 아빠의 얼굴을 쓰다듬었다.

"아빠……, 아빠가 절 때리시겠다면 반항하지 않겠어요. 막 때리셔도 좋아요."

"이젠 다 지난 일이야. 안 그러니, 얘야?"

나는 머리를 끄덕였지만 내 흐느낌은 좀처럼 그치지 않았다.

흐느낌 : 몹시 서러워서 흑흑 느끼며 욺

우리는 새로운 집에 이사 왔다. 그곳에서는 망가라치바 기차가 지나가는 것이 보였다. 나는 나의 라임오렌지나무에게 가까이 가서 말했다.

"밍기뉴, 날마다 우린 같이 지낼 수 있게 됐어. 어느 나무들과도 비교할 수 없을 만큼 너를 예쁘고 아름답게 만들 거야. 앞으로는 내가 알고 있는 것들을 모두 얘기해 줄게."

나는 집안 이곳저곳을 돌아다니며 구경을 하였다. 새 집으로 이사를 온 후 잘 보이려고 난 얌전하게 지냈다.

학교에 들어와서 맨 처음 배운 것은 '요일'이었다. 그리고 또 제일 쓸모가 있기도 했다. 요일 이름을 다 배운 뒤에 나는 그 사람이 화요일에는 역 건너편 길로 가고, 다음 화요일에는 우리 동네 쪽으로 온다는 것을 알았다. 그래서 난 화요일마다 수업을 빼먹었다.

기다리던 아저씨는 9시 정각에 나타났다. 그는 아름다운 목소리로 금주의 히트곡을 불렀다. 그의 목소리는 굳은 마음도 녹일 만큼 부드럽고 달콤하고 애절했

히트곡 : 세상에 내놓은 곡이 크게 인기를 얻은 곡

애절하다 : 몹시 애처롭고 슬프다

9. 나의 라임오렌지나무

다. 사람들은 나와서 고르지도 않고 무작정 악보를 사갔다.

"아저씨, 제가 아저씨를 따라다니면 안 될까요? 노래는 아저씨가 하고 제가 악보를 파는 거예요. 사람들은 어린애한테 사는 것을 더 좋아하거든요."

"꼬맹아, 나쁜 생각은 아닌데 난 네게 아무것도 줄 수가 없어."

"전 아무것도 바라지 않아요. 아저씨가 악보를 많이 팔고나면 아무도 사가지 않는 낡은 악보나 하나 주세요. 우리 누나 갖다 주게요."

그 후로 우리는 함께 노래하며 악보를 팔게 되었다. 그가 노래를 부르면 나는 그것을 따라 배웠다. 그는 날더러 참 영리하고 착한 아이라고 하였다. 죽을 때까지 친구가 되자면서 못 박힌 손으로 내 손을 잡았다.

못 박힌 손 : 거친 일을 많이 하여 손바닥이 두꺼워진 모양

또또까 형과 나는 학교를 가기 위해 집을 나섰다. 나는 내 맘속의 악마를 깨웠다. 자동차 뒤꽁무니에 매달려 시원한 바람을 맞기로 했다. 그것도 무시무시한 포르투갈 사람의 차를! 그의 차는 멋지게 손질되어 있고 경적 소리도 아주 재미있었다. 그러나 차주인은 세상에서 가장 흉하게 얼굴을 찌푸리고 다니는 사람이었다. 나는 차에 매달리긴 했으나 달려보지도 못하고 아저씨에게 들켜서 엉덩이를 얼얼하도록 얻어맞았다.

얼얼하다 : 상처 따위로 몹시 아린 느낌이 있다

나는 학교에서 돌아와 그날 있었던 일들을 밍기뉴에게 이야기했다. 그때마다 밍기뉴는 나에게 큰 의지가 되었다. 이날도 밍기뉴하고 놀고 있는데 내 마음속 악마가 다시 속삭였다. 나는 에우제니아 아줌마네 구아버 열매를 훔치기 위해 다가갔다.

구아버 열매 : 열매가 둥글거나 타원형 또는 서양 배를 닮음. 식용하며 나무껍질은 약용한다

그런데 아줌마가 무슨 짓이냐고 소리치는 바람에 난 개울가로 뛰어들었다가 왼발에 유리조각이 박히고 말았다. 누나가 상처를 붕대로 감아주었지만 너무나 아파서 학교 갈 때에도 고통을 참으며 천천히 걷고 있었다. 그때 이상한 일이 벌어졌다. 자동차 경적이 세 번 울리더니 차가 내 곁에 바짝 멈춰 섰다.

"보아하니 심하게 다친 모양이구나. 이리 오너라. 내가 데려다 줄 테니."

"고맙지만 싫어요. 지난번 일을 학교 애들이 다 알아서요."

"지난 일은 잊자. 네가 정 창피하다면 학교에 조금 못 미쳐서 내려 주마."

그는 나를 안아 차문을 열고 조심스레 의자에 앉혔다. 부드럽게 굴러가다가 가끔 출렁이는 차의 움직임이 기분 좋았다.

파상풍 : 파상풍균이 일으키는 급성 전염병. 입이 굳어져서 벌리기 어렵게 되고 이어서 온몸에 경직성 경련을 일으킨다. 사망률이 높다

"네 발을 그렇게 두어서는 안 되겠어. 파상풍에 걸릴지도 몰라."

그는 약방 앞에 차를 세우고 나를 안아 올렸다. 박사가 상처를 꿰매고 파상풍 주사까지 놓았다. 그는 내게 치료를 잘 받으면 사주겠다고 약속한 것을 모두 사주었다. 나는 아픈 가운데서도 웃어보였다. 그리고 중요한 사실 하나를 발견했다. 이제 포르투갈 사람이 내게 가장 소중한 사람이 되었다는 것을.

처음에는 나에게 창피를 준 사람의 차를 타고 다닌다는 사실이 부끄러웠다. 그래서 아이들에게 그와의 만남을 비밀로 하였다. 하지만 나중에는 우리의 대화를 방해받기 싫어서 비밀로 하였다. 그렇게 한 달이 흘렀다. 나는 그에게 크리스마스에 있었던 이야기를 들려주었다. 그는 눈물을 글썽이며 두 번 다시 크리스마스

9. 나의 라임오렌지나무

에 선물을 받지 못하는 일이 일어나지 않도록 해 주겠다고 약속했다.

　세월은 아주 느리게 지나갔다. 행복한 나날이었다. 우리 집 식구들은 내가 변했다는 것을 눈치 챈 것 같았다. 나는 심한 장난도 하지 않았고 뒷마당 구석의 내 작은 세계에서만 살았다. 나와 그는 기회 있을 때마다 드라이브를 하며 이런저런 이야기꽃을 피웠다. 난 아저씨 곁을 떠나고 싶지 않았다. 그랑 같이 있으면 내 가슴속에 행복의 태양이 빛나는 것 같았다.

　나는 또또까 형에게 종이풍선 만드는 법을 배우고 있었다. 우리는 부엌 문지방에 앉아 종이풍선이 마르기를 기다렸다. 그때 누나가 저녁식사를 하라고 소리를 질렀다. 그런데 풀이 마르면서 자꾸 손가락에 들러붙어 일이 더욱 더디어졌다. 누나는 화가 잔뜩 나서 쫓아왔다.

문지방 : 출입문 밑의, 두 문설주 사이에 마루보다 조금 높게 가로로 댄 나무

　"내가 네 식모인 줄 알아? 빨리 와서 먹어."

식모 : 남의 집에 고용되어 주로 부엌일을 맡아 하는 여자

　누나는 내 귀를 잡아당겨 끌고 가서 식탁에다 밀어붙였다. 나는 기분이 확 상해서 원래 있던 자리로 돌아왔다. 누나가 갑자기 맹수로 돌변하여 내가 미처 완성하지 못한 풍선을 갈가리 찢어버렸다. 나는 분을 참지 못하여 한바탕 울음을 터뜨렸다.

맹수 : 주로 육식을 하는 사나운 짐승

　"네가 뭔지 알아? 넌 갈보야."

갈보 : 남자들에게 몸을 파는 여자를 속되게 이르는 말

　누나는 옷장 위에 있던 가죽 장갑을 집어 사정없이 나를 때리기 시작했다. 그때 집에 들어와 이 광경을 목격한 두 명의 형들조차 누나를 거들어 나를 때리기 시작했다. 나를 구해준 것은 요란한 소리를 듣고 달려온 글로리아 누나였다. 누나는 언젠가는 날 데리고 이 집에서 멀리 떠나겠다고 했다. 우리는 함께 나지막이 울기 시작했다.

　식구들은 나를 학교에도 보내주지 않았다. 잔인한 매질로 엉망이 된 내 몰골을 남에게 보이고 싶지 않았기 때문이다. 그날 밤 아빠는 외출을 하지 않았다. 아빠는 흔들의자에 앉아 멍하니 벽만 쳐다보고 있었다. 면도를 하지 않아 늘 수염이 덥수룩했고 옷도 늘 지저분했다.

몰골 : 볼품없는 모양새

　나는 아빠를 위해 무엇인가를 하고 싶었다. 나는 아리오발두 아저씨에게서 배운지 얼마 안 되는 노래 하나를 조용한 목소리로 부르기 시작했다.

나는 요염한 여자가 좋아
요염한 여자를 원해
밝은 달빛 아래서
사랑하고 싶어…….

"제제, 그게 무슨 노래니? 그 따위 노래를 누가 가르쳐 줬어?"
"아리오발두 아저씨요. 요새 유행하는 탱고예요."
아빠의 손이 내 뺨을 후렸다.

탱고 : 남녀 한쌍이 짝이 되어 탱고곡에 맞추어 추는 매우 경쾌한 춤곡. 매우 육감적이고도 낭만적이다

"다시 불러 봐."

나는 요염한 여자가 좋아…….

또다시 아빠의 손이 날아들었다. 그리고 또, 그리고 또……. 내 얼굴은 얼얼함으로 거의 건드릴 수도 없을 정도로 부어올랐다. 아빠는 손을 잠시 거두고 노래를 더 불러 보라고 소리쳤지만 난 부르지 않았다. 그 대신 경멸에 찬 목소리로 외쳤다.

경멸 : 깔보아 업신여김

"살인자! 날 죽여라. 날 죽이고 감옥에나 가라."
아빠는 흔들의자에서 벌떡 일어나 차고 있던 허리띠를 풀었다. 허리띠가 끔찍한 힘으로 내 몸을 휘감았다. 나는 벽 한 모퉁이에 고꾸라졌다.
글로리아 누나가 나를 안아 올렸을 때 나는 정신을 잃었다. 누나와 엄마가 계속 나를 지켰다. 나는 엄마의 목을 꼭 껴안았다.
"엄마, 난 태어나지 말았어야 했어요. 내 풍선처럼 됐어야만 했어요."

풍선처럼 됐어야만 : 누나가 풍선을 갈기갈기 찢은 모양에 빗댐

내가 다 낫기까지는 일주일이 걸렸다. 식구들은 의심이 갈 정도로 내게 잘해 주었다. 나는 아주 조용히 지냈다. 아무 의욕 없이 밍기뉴 곁에 멍하니 앉아 무관심하게 삶을 바라보았다. 밍기뉴와 말을 주고받는 것도 싫었고 그가 하는 이야기도 시시했다.

드디어 학교에 갈 수 있는 날이 되었다. 집을 나섰지만 학교로 향하지 않았다.

9. 나의 라임오렌지나무

나는 뽀르뚜가가 일주일 동안 차를 타고 와 나를 기다렸다는 것을 알고 있었다. 내 마음은 그리움보다 더 앞서 달려갔다. 그는 팔을 벌려 아주 오랫동안 안아 주었다. 입술을 꽉 깨물었지만 내 눈에는 이미 눈물이 가득 고였다.

"뽀르뚜가, 내 얼굴을 좀 자세히 봐 주세요. 매 맞은 데가 아직도 부어 있는지 봐 주세요."

뽀르뚜가의 눈은 놀라움 반, 가여움 반으로 휘둥그레졌다.

<small>가여움 : 마음이 아플 만큼 안 되고 처연함</small>

"뭣 때문에 이 지경이 되도록 때린 거야?"

나는 한 줄도 보태지 않고 전부 이야기해 주었다. 내 이야기가 끝나자 그는 눈물이 솟아 어찌할 바를 몰라 했다.

"아빠는 나이가 많아서 일자리를 구하지 못하고, 엄마가 살림에 보태려고 새벽부터 방직공장에 나가서 일을 해요. 랄라 누나는 공부를 많이 했는데 지금은 공장에 나가요. 이런 일들은 모두 가슴 아픈 일이에요. 아무리 그래도 날 그렇게 심하게 때릴 것까지는 없었는데. 이번엔 정말 너무하셨어요."

그는 소스라치게 놀라며 나를 쳐다보았다.

<small>소스라치다 : 깜짝 놀라 몸을 갑자기 떠는 듯이 움직인다</small>

"맙소사! 너처럼 어린애가 어쩜 그렇게 어른들 고통을 이해하고 함께 나눌 수 있지?"

그는 북받치는 감정을 누르며 말했다.

"어쨌든 누나한테 그런 욕을 하면 안 된다. 알겠니?"

"알았어요. 제가 죽지 않는다면 앞으로 욕을 하지 않겠다고 맹세할게요."

<small>맹세 : 일정한 약속이나 목표를 꼭 실천하겠다고 다짐함</small>

"그런데 노래 사건은 뭐냐? 어떤 노래를 부르고 있는지도 알았니?"

"정확히는 몰랐어요. 전 뭐든지 들으면 외우거든요. 정말 아름다운 노래였어요. 내용은 생각해 본 적 없었어요. 그런데 아빠는 날 자꾸자꾸 때렸어요."

나는 엉엉 울었다.

"저는 아빠를 죽일 거예요. 제 마음 속에서 죽이는 거예요."

"아니다. 모두가 널 사랑해. 설마, 네 라임오렌지나무를 잊은 건 아니겠지?"

<small>라임오렌지나무 : 감귤 종류의 하나. 열매는 가죽질의 기름기를 함유한 껍질과 안쪽의 즙이 많은 과육으로 이루어짐</small>

"뽀르뚜가, 사실 전 작별 인사를 하러 왔어요."

"작별?"

"이번 주 내내 생각해 봤는데요. 오늘 밤에 망가라치바에 뛰어들기로 했어요."

그는 아무 말 없이 나를 그의 품안에 힘껏 끌어안았다.

"안 돼. 제발, 그런 말은 하지 마. 넌 앞으로 얼마든지 멋지게 살 수 있어. 네가 그러면 난 어떡하니? 날 사랑한다고 했던 게 거짓말이 아니라면 다시는 그런 소리 하지 마라. 난 널 무척 사랑한단다. 네가 생각하는 것보다 훨씬 더."

그의 고백으로 마음이 반쯤은 누그러졌다.

고백 : 마음속에 생각하고 있는 것이나 감추어 둔 것을 사실대로 숨김없이 말함

"요즘 날씨도 좋고 하니까 낚시나 하러 갈까?"

나는 대답 대신 면도한 그의 얼굴에 내 볼을 대고 목을 꼭 껴안았다. 우리는 함께 웃고 있었고 비극은 모두 사라진 것 같았다. 우리는 아름다운 길을 따라 달렸다. 길가의 나무와 풀밭은 아름다웠다. 차가 천천히 달리는 동안 우리는 많은 이야기를 나누었다.

"뽀르뚜가! 당신이 저를 좋아한다는 말, 정말이에요? 그럼, 왜 우리 집에 와서 아빠에게 절 달라고 그러지 않으세요?"

그는 감격한 나머지 벌떡 일어나 앉아 두 손으로 내 얼굴을 감싸 쥐었다.

"너, 내 아들이 되고 싶은 거냐?"

"네, 맹세할 수 있어요. 게다가 우리 집은 입을 하나 덜게 되는 거예요. 욕도 안 할 거고 당신 구두도 닦아 주고 새들도 돌봐 줄게요. 착한 아이가 될게요. 학교에서도 가장 공부 열심히 하는 학생이 될게요. 네?"

그는 계속 잠자코 있었다. 두 눈에는 눈물이 가득 고여 있었다.

"만약 아빠가 안 주겠다고 하면 날 사겠다고 하세요. 아빤 돈이 한 푼도 없으시거든요. 아빠는 분명히 날 팔 거예요."

그가 계속해서 아무 말도 하지 않아 나는 제자리로 돌아누웠다.

"있잖아요. 뽀르뚜가! 나를 아들로 삼기 싫다고 해도 상관없어요."

"그래서 그런 게 아니다. 하지만 한 가지 약속하마. 지금까지도 널 아들처럼 사랑해 왔지만 앞으로는 진짜 친아들로 대해 주마."

나는 너무 기뻐 몸을 벌떡 일으켰다. 그리고 그의 커다랗고 부드러운 얼굴에 입을 맞췄다.

9. 나의 라임오렌지나무

쎄실리아 선생님은 아무나 나와, 자기가 지은 문장을 칠판에 적어보라고 하셨다.

"제제, 나와서 해보겠니?"

나는 분필을 집어 최대한 멋을 부려 글씨를 썼다.

'머지않아 방학이 시작됩니다.'

난 내가 쓴 문장에 만족해서 자리로 돌아왔다. 방학이 되면 뽀르뚜가와 더 자주 드라이브를 갈 수 있기 때문이었다.

드라이브 : 기분 전환을 위하여 자동차를 타고 다니는 일

누군가 문을 열고 들어왔다. 지각을 한 제로니무였다. 그 애는 시끄럽게 들어와서는 옆 아이에게 말을 걸었다. 그러나 소곤대는 말 가운데 내 신경을 곤두서게 하는 것이 있었다. 망가라치바에 대한 이야기였다.

"뭐라고? 차를 들이받았다고?"

"그래, 큰 차 있잖아. 포르투갈 사람 차를 들이받았어. 그래서 지각했어. 기차가 차를 완전히 박살냈어. 그 사람이 죽었는지는 잘 몰라."

박살내다 : 부수다

나도 모르게 제 자리를 박차고 일어섰다. 식은땀이 온몸을 적셨고 토하고 싶었다. 창백한 내 얼굴을 보고 다가온 선생님의 얼굴도 알아보지 못했다.

식은땀 : 몸이 쇠약하여 덥지 아니하여도 병적으로 나는 땀

"왜 그러니, 제제?"

난 대답할 수 없었다. 눈에서는 눈물이 솟았다. 나는 미친 듯이 달리기 시작했다. 빵집에 이르러 차들을 살펴보았다. 그러나 그곳에 우리의 차는 없었다. 나도 모르게 신음 소리가 새어 나왔다. 내 얼굴은 눈물로 범벅이 되어 있었다. 이

신음 소리 : 끙끙거리는 소리

제 이 세상에서 나를 걱정해 줄 사람은 아무도 없었다. 나는 학교로 돌아가지 않았다. 발길이 닿는 대로 걸었다. 때론 엉엉 울다가 교복 소맷자락으로 얼굴을 닦았다. 이제 다시는 나의 뽀르뚜가를 볼 수 없게 된 것이다. 그는 가버린 것이다.

소맷자락 : 옷소매의 자락

난 사흘 밤낮을 아무것도 먹지 못했다. 열은 나를 집어삼킬 듯 심했고, 먹고 마시면 바로 토해 버렸다. 나는 점점 야위어 갔다. 나는 몇 시간이고 꼼짝 않고 벽만 쳐다보았다. 말도 하고 싶지 않았고 대답도 하기 싫었다. 그냥 하늘로 가고만 싶었다. 가족들이 모두들 내게 잘해 주었고, 어머니는 거의 매일 내 곁에서 밤을 새웠다. 아무리 그래도 난 뽀르뚜가에 대한 생각을 떨쳐 버릴 수가 없었다. 상태는 더욱 악화되었다. 나는 뼈마디가 앙상하게 드러날 정도였다. 의사를 불렀다. 그는 한눈에 나의 상태를 알아보았다.

쇼크 : 갑작스러운 자극으로 일어나는 정신·신체의 특이한 반응. 호흡운동, 반사운동 따위의 기능이 저하되고 혈압강하, 안면 창백 따위의 증상이 나타난다

"쇼크예요. 정신적으로 아주 큰 충격을 받았습니다. 이 충격을 이겨내야만 살아날 수 있습니다."

나는 나아지기 시작했다. 조금씩 마실 수도 있었고 토하지도 않았다. 그래도 그에 대한 기억을 더듬을 때면 열이 오르고 토하고 식은땀을 흘리며 떨었다. 몸이 약해져서인지 계속 잠이 쏟아졌다. 열은 조금씩 내렸고 식은땀과 몸 떨림도 점점 가라앉았다.

어느 날 아침, 글로리아 누나가 환하게 웃는 얼굴로 들어왔다.

"이것 봐, 제제! 밍기뉴가 피운 첫 번째 꽃이야. 그 애도 곧 어른 나무가 될 건가 봐."

나는 흰 꽃을 손가락 사이에 끼우고 어루만졌다. 난 더는 울지 않았다. 밍기뉴는 이 꽃으로 작별 인사를 하고 있었다. 밍기뉴도 이제 내 꿈의 세계를 떠나 현실과 고통의 세계로 들어서고 있었다. 아침을 먹은 루이스와 나는 손을 잡고 뒤뜰로 나갔다.

나는 마법이 풀린 밍기뉴와 마주치고 싶지 않았다. 루이스는 그 흰 꽃이 우리의 작별 인사였음을 모르고 있었다.

우리 집과 식구들에게 평화의 기운이 다시 피어나고 있었다. 아빠는 내 손을 끌어다 식구들이 보는 앞에서 나를 아빠 무릎에 앉혔다.

"다 지나갔다, 얘야. 모두 끝났어. 아빠는 공장의 지배인이 되었어. 이제 다시는 크리스마스에 네 신발이 비어 있는 일은 없을 거다."

지배인 : 상인을 대신하여 영업에 관한 일체의 업무를 처리하는 권한을 가진 최고 책임자

아빠는 잠깐 말을 멈추었다. 아마, 아빠도 살아 있는 한 절대로 그 일을 잊지 않을 게 틀림없었다.

"여행도 많이 다니자. 엄마도 이제 일을 하지 않아도 돼. 네 누나들도 그렇고."

아빠의 이야기는 끝이 없었다. 나는 아빠 무릎 밑으로 빠져나와 부엌문으로 갔다. 아빠는 내 뒤를 따라 나와서 눈물로 젖어있는 내 눈을 보았다.

"울지 마라, 얘야. 우리는 이제 큰 집에서 살게 될 거야. 집 뒤에 진짜 강도 흐르고 아주 큰 나무들도 많이 있어. 그 나무들은 네가 다 가져라. 네 라임오렌지나무도 그렇게 빨리 잘리진 않을 거야."

나는 흐느끼며 아빠의 무릎을 끌어안았다.

"됐어요, 아빠, 그런 건 상관없어요. 벌써 일주일도 전에 내 라임오렌지나무는 베어졌어요."

사랑하는 나의 뽀르뚜가, 오랜 세월이 흘렀습니다. 저는 마흔여덟 살이 되었습니다. 그리움 속에서 어린 시절이 계속되는 듯한 착각에 빠지곤 합니다. 언제라도 당신이 나타나셔서, 제게 그림 딱지와 구슬을 주실 것만 같은 기분이 듭니다. 제게 사랑을 가르쳐 주신 분은 바로 당신이었습니다. 지금은 제가 구슬과 그림 딱지를 나누어 주고 있습니다. 사랑 없이는 삶이 무의미하다는 것을 알기 때문입니다.

착각 : 어떤 사물이나 사실을 실제와 다르게 지각하거나 생각함

그 시절, 우리들만의 그 시절에는 미처 몰랐습니다. 먼 옛날, 한 바보 왕자가 제단 앞에 엎드려 눈물을 글썽이며 이렇게 물었다는 것을 말입니다.

"왜 아이들은 철이 들어야만 하나요?"

사랑하는 뽀르뚜가. 저는 너무 일찍 철이 들었던 것 같습니다.
영원히 안녕히!

우바뚜바에서
1967년

1 제제는 크리스마스날 하루 종일 구두닦이를 하여 아빠에게 담배를 선물해 드립니다. 제제가 아빠께 꼭 선물을 하고 싶었던 이유는 무엇이었나요?

2 제제는 한 번에 두 차례나 매를 맞은 적이 있습니다. 매를 맞게 된 이유가 무엇이었는지 적어 보세요.

- 첫 번째 이유 →
- 두 번째 이유 →

3 제제는 친아들처럼 대해주고 사랑해주었던 포르투갈 사람을 무엇이라고 불렀습니까? 그리고 그는 왜 죽음을 맞이하게 되었습니까?

1 '아빠를 슬프게 해서 괴로운 제제'

> 제제는 크리스마스 선물을 받지 못한 것에 대해 분노가 치민 나머지 '아빠가 가난뱅이라서 너무 싫어!'라고 외친 것을 반성하며, 하루 종일 구두닦이를 해서 아빠께 드릴 담배를 사들고 집으로 돌아왔다.
>
> 아빠가 담배 피우는 것을 보기 위해 한 걸음 뒤로 물러섰던 제제는 마음속 깊숙한 곳에서 감정이 북받쳐 올랐다. 온종일 그를 괴롭히던 그 커다란 고통이 모두 폭발하여 솟아올랐다.

😊 제제가 되어 아빠에게 진심어린 사과의 말씀을 드려 보세요.

....

....

2 '뽀르뚜가, 당신의 아들이 되고 싶어요.'

> 가족들에게 골칫덩어리 취급을 당하고 매나 맞던 제제는 자신의 이야기를 진심으로 들어주고 사랑해주는 뽀르뚜가의 아들이 되고 싶어졌습니다.

😊 제제가 되어 뽀르뚜가에게 자신을 아들로 삼아달라고 애원하는 글을 적어 보세요.

....

....

1 제제는 잦은 말썽 때문에 가족들에게 심한 매질을 당하여 며칠씩 앓아눕기도 합니다. 그의 가족이 제제를 어떻게 대했으면 좋았을지 생각을 적어 보고 친구들의 의견도 들어 봅시다.

2 제제는 집에서는 자주 말썽을 부려 혼이 나지만 뽀르뚜가 앞에서는 그와 다르게 행동합니다. 왜 그랬을지 생각하여 써 봅시다.

글숲 여행을 마치며

어린 날에 우연히 알게 된 이웃집 아저씨로부터 큰 사랑을 받았던 작가는 어른이 된 지금도 그를 그리워하고, 그분께 드리지 못한 감사의 마음을 대신 이웃들에게 드리며 살고 있습니다.

진한 감동의 이야기를 쓴 작가에게 책을 읽고 난 소감을 편지로 써 봅시다.

메아리

1. 산에 가서 맞은 편 산을 향해 소리쳐 메아리를 만들고 싶다면 산에게 어떤 말을 해보고 싶나요?

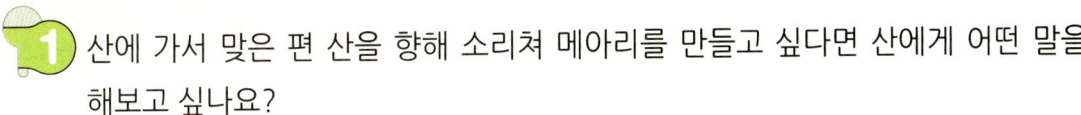

2. 만일 내가 사는 지금이 TV도 없고 학교도 없는 시대이거나 그런 산골마을에 산다면 내가 하루 동안 가장 많은 시간을 보내는 일은 무엇이었을까요?

3. 언니나 오빠, 혹은 동생이 무척 그리웠던 경험이 있나요? 있다면 자신의 경험을, 이런 경험이 없었다면 이런 상황을 상상해서 자신의 마음을 써 봅시다.

구연동화를 QR로 확인하세요.

자신과 놀아줄 유일한 사람인 누나가 시집을 간 뒤 누나를 그리며 슬프고 외롭게 살아가는 돌이를 떠올려 보며 다음 글을 읽어 봅시다.

메아리

"돌아! 오늘은 소 배가 좀 이상하다. 밖에 몰고 나가진 말고 네가 풀을 뜯어다가 넣어 주도록 해라."

괭이: 땅을 파거나 흙을 고르는 데 쓰는 농기구

아버지는 지게에다 괭이를 담아 지고 나가면서 돌이를 보고 말했다. 그러나 돌이는 방바닥에다 배를 붙이고 누워 있으면서 아무 대꾸도 안 했다. 아버지가 미워서 죽겠다는 것이다. 누워서 울기 시작했다.

지게: 짐을 얹어 사람이 등에 지는 우리나라 고유의 운반기구

"누나! 누나! 누나는 우리 집 생각 안 나나?"

차디찬 눈물이 귀 안으로 들어갔다.

"누나야! 나는 누나가 보고 싶어서 꼭 죽겠어."

눈물이 연달아서 흘러내렸다. 귀 안이 제법 무거워지는 것 같았다. 돌이는 때 묻은 베개에다 코를 대고서 또 숨을 들이켜 봤다. 누나의 냄새가 그대로 났다. 돌이는 두 팔로 베개를 꼭 껴안았다.

"누나!"

눈물이 코 안으로도 새어 내려오는지 콧등이 찡하고 아프다. 코를 훌쩍거려 보려니까 코 안이 막혀서 잘 훌쩍여지지를 않았다.

돌이의 집은 깊은 산중에 있었다. 깊은 산중 중에서도 더 깊은 산중. 더 깊은 산중에서도 더 더 깊은 산중의 중턱에 있는 외딴집이 돌이네가 사는 집이었다.

산중: 높은 산이 많거나 산이 많은 곳
외딴집: 홀로 따로 떨어져 있는 집

돌이네 집은 이웃이 없다. 그끄저께 누나가 산 너머로 시집을 갔으니까 식구도 아버지하고 돌이하고 단 둘뿐이다.

어머니는 돌이가 세 살 나던 때 돌아가셨으니까, 돌이는 어머니가 어떻게 생겼는지, 말소리가 어떠했는지 모른다. 무덤은 언덕 너머에 있는 큰 바위 밑에 있기 때문에 그 앞을 지나칠 땐 한 번씩 쳐다보고 가는 것뿐이다.

돌이네 집은 이웃이 없어서 참 심심하다. 만날 보는 하늘, 만날 보는 산, 만날 보는 나무, 만날 보는 짐승들.

만날 : 매일같이 계속하여서

　어떤 때는 못 견딜 듯이 심심해서 한달음으로 산꼭대기까지 달려 올라간다. 그러나 산 너머에 산이 있고 또 그 산 너머에도 산이 있을 뿐, 사람이 사는 집은 한 군데도 보이지 않았다.

한달음 : 중도에 쉬지 않고 한 번에 달려감

　돌이네 집 식구는 화전을 갈아 먹고 사는 화전민이었다. 산에다 불을 지르고서 그 자리를 쪼아 감자를 심고 감자를 거두고 해서 살아가는 가난한 농삿집이었다.

화전 : 주로 산간지대에서 풀과 나무를 불질러 버리고 파 일구어 농사를 짓는 밭

　그런데 돌이네 집에는 다른 가축은 없어도 누렁 암소 한 마리가 있다. 새끼를 배어서 곧 낳게 되어 있다. 새끼를 배게 한다고, 아버지는 열 달 전 몇십 리 밖의 먼 산골 마을로 소를 몰고 갔다 온 일이 있었던 것이다.

가축 : 집에서 기르는 짐승

　만날 보는 하늘, 만날 보는 산, 만날 보는 나무, 만날 보는 짐승뿐이었지만, 돌이에게는 단 하나 사람의 말소리로 대해 주는 동무가 있었다. 그것은 메아리였다.

메아리 : 울려 퍼져 가던 소리가 산이나 절벽 같은 데에 부딪쳐 되울려오는 소리

　"오-"하고 목을 뽑아 외쳐보면 산 저쪽에서도 "오-"하고 대답을 해준다.

　"내 산아-"하고 부르면, "내 산아-"하고 대답해 준다. "잘 잤나-"하고 물으면 "잘 잤나-"하고 되물어 준다. "메아리는 흉내쟁이-"하면 "메아리는 흉내쟁이-"하고 그대로 또 흉내를 내면서 돌이하고 장난을 하는 것이다.

　돌이는 요 며칠 동안 메아리하고의 장난도 끊어 버렸다. 누나 생각이 나서 아무것도 하기가 싫어진 것이었다.

　그끄저께의 전날 밤이었다.

　아버지가 코를 드르렁거리고 자는데, 누나는 돌이의 귀에다 대고 가만히 속삭였다. 불 끈 지가 오래 됐으니까 깜깜한 밤이었다.

　"돌아, 자니?"

　"아아니."

　아버지는 종일 감자 캐느라 고단해서 그런지 코를 연해 골고만 있다. 이번에는 돌이가 먼저 물었다.

　"누나!"

　"응?"

　"왜 자느냐고 물었어?"

"저……."

"응?"

"난 내일 간다."

"어디루?"

"시집 가는 거래."
  시집 : 시부모가 사는 집 또는 남편의 집안

"시집이 뭐야?"

"나두 몰라. 남의 집으루 가는 거래."

"남의 집으루?"

"남의 집이지만 아버지가 가라시니까 가야 할 거야."

누나는 열다섯 살이었다.

아버지는 머리를 목침 밑으로 툭 떨어뜨리더니만 한참 숨을 안 쉬고 있었다.
  목침 : 나무토막으로 만든 베개
자다가 몸부림을 치는 모양이었다. 돌이는 밤 내 잠을 자지 않았다. 누나도 가만가만 울면서 날이 새도록 안 자는 것 같았다.

다음 날 아침밥을 먹고 나니까 어떤 낯선 남자 둘이 찾아왔다. 하나는 아버지보다 나이 많은 사람이고, 하나는 눈이 툭 불거진 젊은 사나이였다.

나이 먹은 사람은 보자기에서 누나에게 입힐 물들인 새 옷과 비녀라는 것을 내
  비녀 : 여자의 쪽진 머리가 풀어지지 않도록 꽂는 장신구
놓았다. 그리고 종이에다 싼 것을 펴 주면서 얼굴에다 바르라고 했다. 아버지가 가르쳐 주는 대로 가루를 얼굴에다 발랐다. 누나의 얼굴은 보애서 보기가 얄궂었다. 아버지는 누나의 머리를 틀어서 뒤에다가 비녀로 쪽을 지어 주었다.

감자밥 한 그릇씩 먹고 나서 두 손님과 아버지, 누나, 네 사람은 재를 넘어갔다. 누나는 집을 나가면서 울었다. 아무도 울지 마라 하는 사람은 없었다. 누나가 입은 푸른 저고리와 붉은 치마에서는 무슨 이상한 냄새가 났다. 걸을 땐 워석워석 소리도 났다.

"나 저녁때쯤 되면 돌아올 테니까, 넌 그새 소 몰고 나가서 풀이나 뜯기고 있어라."

오래간만에 두루마기를 입고서 같이 나가는 아버지는 돌이를 돌아보고서 말했
  두루마기 : 우리나라 고유의 웃옷. 옷자락이 무릎까지 내려온다
다. 그러나 돌이는 대답을 하지 않고 일부러 옆만 돌아보고 있었다. 누나를 가게 내버려 두는 아버지가 미워서였다.

네 사람은 서쪽 산 비탈길을 올라가고 있었다. 다른 사람은 몰라도 돌이의 눈
비탈길 : 비탈진 언덕의 길
엔 붉은 치마를 입은 누나만 똑똑하게 보였다.
　산마루에 올라서더니만 사람들의 걸음은 조금 느린 것 같았다. 누나는 첨으로
산마루 : 산등성이의 가장 높은 곳
고개를 돌려 집을 내려다봤다. 돌이는 눈에서 눈물이 막 쏟아지는 사이, 그만 누
나를 놓치고 말았다. 눈물을 닦고 나서 보니, 사람들은 고개 저쪽으로 넘어가고
한 사람도 남아 있지 않았다.

돌이는 그제야 뛰어서 고갯마루까지 올라갔다. 숨이 차서 길에 엎어질 것 같았지만, 참고서 자꾸 허우적거려 올라갔다. 그래도 돌이는 쉬지 않고 고갯마루까지 올라갔다. 내려다봤지만 아무 데도 사람 가는 데는 없었다. 돌이는 양 옆을 돌아다봤다. 아무도 없어서 맘 놓고 울기가 좋았다. 그러고는 돌멩이를 집어 팔매를 치면서 길게 소리를 질렀다.

고갯마루 : 고개에서 가장 높은 자리

"예에끼, 망할 놈의 새끼들아―"

사람은 아무도 보이지 않았다. 그러나 대신 조금 있으니까 같은 소리가 메아리 되어서 이편 쪽으로 되돌아왔다.

"예에끼, 망할 놈의 새끼들아―"

메아리는 참으로 아무 때나 얄밉다. 누나를 데리고 간 그 낯선 두 사람을 보고 욕을 한 건데, 메아리는 그런 사정도 모르고 흉내만 내는 것이었다.

'예에끼, 망할 놈의 새끼'란 것은 소가 보습을 잘 안 당길 때 아버지가 쓰는 욕이었다. 그보다 더 시원한 욕이 있었으면 그것을 썼겠지만, 돌이에게는 아는 욕이 그것밖에 없었다.

보습 : 쟁기, 가래 따위 농기구의 술바닥에 끼우는 넓적한 삽 모양의 쇳조각

돌이는 오래도록 울다간 팔매질을 하고, 또 울다간 팔매질을 하며 돌아왔다.

팔매질 : 작고 단단한 돌 따위를 손에 쥐고 팔을 힘껏 흔들어서 멀리 내던지는 짓

저녁 늦게 아버지는 돌아왔지만, 돌이는 저녁도 안 먹고 그대로 잤다. 그전 같으면 언제든지 아버지가 일하는 밭에 따라 나갔던 것이지만, 인제부터는 아버지를 따라 나가지 않는 돌이였다.

아버지가 없을 때면 돌이는 언제고 혼자 남아서 울었다. 누나가 베던 때 묻은 베개를 안고 누나의 냄새를 맡아 가면서 눈이 붓도록 울었다. 파랑 저고리도 안 입고 붉은 치마도 안 입고 머리도 그 이상하게 틀어 쪽찐, 그런 누나가 아닌 누나가 보고 싶어서 죽을 것만 같았다.

돌이는 아버지가 감자 캐러 나가고 난 뒤, 혼자 베개를 안고서 울고울고 하다가, 소는 그대로 둔 채 재를 넘어갔다. 누나를 찾아가는 것이었다. 돌이는 안 걸어 보던 길을 자꾸만 내려갔다. 어쩌면 잃어질 듯한 가느다란 산길이었다. 몇 번 재를 넘었는지, 몇 번 산모롱이를 돌았는지 몰랐다. 그러나 아직은 사람이 사는 집이 나타나지 않았다.

산모롱이 : 산모퉁이의 휘어 들어간 곳

돌이는 누나가 간 곳이 얼마나 먼 데인가를 물어 두었더라면 좋았을 것을……

이럴 때 어디서 누나가 뛰어나오면서 "돌아……!" 하고 불러 준다면 얼마나 반가울까 싶었지만, 누나는 나타나 주지 않았다.

가도 가도 산이었다. 어디서나 보는 산이고, 어디서나 보는 나무요 짐승뿐이었다. 날이 저물었다. 돌이는 무서운 생각이 났다. 되돌아서려니까 새들이 잘 집에 드느라고, 여기저기서 날개를 푸덕거리고 있었다.

돌이는 혼자 울면서 걸었다. 날이 어두워지면 길이 잘 안 보일 것 같아서, 돌이는 서둘러 뛰기 시작했다. 그러나 아직도 산모롱이가 몇 개나 남았는지 모르는데, 날이 깜빡 어두워졌다. 돌이는 울면서 기었다. 때로는 움푹 발이 빠지기도 하고 어떤 때는 나뭇가지가 눈을 찌르기도 했다. 돌이는 그래도 쉬지 않고 길을 더듬었다.

사람의 냄새를 맡고서 이런 때 호랑이라도 나타나면 어떡하나! 돌이는 인제는 걷는 것이 앞으로 가는 것인지 뒤로 가는 것인지도 분별이 되지 않았다.

분별 : 세상 물정에 대한 바른 생각이나 판단

돌이는 막상 더 걸을 수가 없을 만큼 어두워지자, 그만 땅바닥에 주저앉아서 엉엉 소리를 내어 울었다. 이럴 때, 눈앞에 쳐다보이는 산마루 위에서 사람의 소리가 나면서 횃불이 보였다.

횃불 : 홰에 켠 불

"돌아-, 돌아-"

맺혀지도록 외치고 있는 아버지의 슬픈 목소리였다. 돌이는 집에까지 어떻게 업혀 왔는지 몰랐다. 앞에서 불이 밝았다 어두웠다 하고, 아버지의 등 뒤에서 퀴퀴한 땀 냄새가 나던 것밖에 기억되는 것이 없었다.

퀴퀴한 : 상하고 찌들어 비위에 거슬릴 정도로 냄새가 구린

아버지가 부르는 소리에 돌이는 겨우 눈을 떴다.

"돌아-, 정신이 나니?"

"아버지!"

"그새 네 동생이 하나 났어!"

"아버지! 내 동생이?"

벌떡 일어나자, 아버지는 돌이를 안으면서 외양간을 가리켰다.

외양간 : 소나 말을 기르는 곳

"조금 전에 우리 소가 새끼를 낳았어!"

"응? 아버지!"

돌이는 밖으로 쫓아나갔다. 외양간 안에 조그마한 새끼소 한 마리가 누워 있는

데, 어미소는 혀로 털을 핥아 주고 있다.

"아버지, 어쩌면 저렇게 예쁘장스레 생긴 새끼소가?"

"인제 저건 네 거야. 큰 소는 내 거구."

돌이는 외양간 안으로 기어들어가서 송아지를 안아 봤다. 큰 소는 코똥을 피잉 뀌면서 돌이를 떠받아 내리려고 했다. 그래도 돌이는 송아지의 몸에서 손을 떼지는 않았다. 털이 물에 젖어서 뜨뜨무리했다. 돌이는 낮에 소를 굶겼던 일을 후회했다.

뜨뜨무리하다 : 미지근한 것보다는 조금 더 따뜻한 기운이 느껴질 때에 쓰는 말

"인젠 두고 나와! 너무 가까이 있으면 어미가 안 좋게 생각하니깐."

아버지가 나오라고 했다. 돌이는 그 예쁘장하게 생긴 송아지의 입에다 손을 한 번 대어보고는 밖으로 나왔다. 돌이는 밖에 나와서 비로소 외양간 앞에 등불이 켜 달려 있고 앞에 물그릇 놓인 소반이 놓여 있는 것을 알았다.

소반 : 자그마한 밥상

"아버지, 저 물은 뭘 하는 거지?"

"송아지 잘 크라고 비는 물이야."

인제는 식구 하나가 늘었다.

돌이는 누나가 시집가던 전날 밤처럼, 날이 새도록 잠을 자지 않았다. 이번엔 너무도 좋고 좋아서였다.

아침에 잠깐 잠에 들었다가 나가서 보니, 송아지는 아버지가 입던 헌 저고리를 덮어 입고서 외양간 안을 쫓아다니고 있었다. 털이 빨갰다.

돌이는 아버지가 지어 주는 감자밥을 가지고 가서 송아지한테 먹여 주려고 했다. 그러나 큰 소는 송아지를 만질까 해서 그러는지 뿔을 가지고 떠받으려고 했다.

돌이는 밥을 먹고 나서, 누나가 넘어가던 산마루로 올라가서 길게 소리를 질렀다.

"내 산아—"

한참 만에 메아리가 "내 산아—"하고 대답을 해 왔다.

"우리 집엔 새끼소 한 마리가 났어—"

"우리 집엔 새끼소 한 마리가 났어—"

"내 동생이야—"

"내 동생이야-"

"허허허-"

"허허허-"

"너두 좋니?-"

"너두 좋니?-"

메아리는 저도 반가운지 같이 흉내를 내어 장난한다. 돌이는 메아리가 누나 있는 곳에도 가서 그대로 이 소식을 전해줄 것이라고 생각했다.

흉내 : 남이 하는 말이나 행동을 그대로 옮기는 짓

1 누나가 시집가기 전 돌이네 가족은 누구누구입니까?

2 돌이네 식구들은 무엇을 해서 먹고 삽니까?

3 외롭고 슬픈 돌이에게 새롭게 생긴 친구는 누구였나요? 새로 생긴 친구와 다정하게 노는 모습을 여기에 그려 보세요.

1. '시집간 누나가 너무나 보고 싶은 돌이'

> 돌이는 산속 외딴집에 살기 때문에 이웃도 없고 엄마도 없고 누나마저 시집을 가서 너무나 외로웠어요. 오늘따라 시집간 누나가 너무나 보고 싶어요.

💡 돌이가 되어 산 위에 올라 누나가 간 길을 바라보며 하고 싶은 말을 해 보세요.

....
....
....

2. '어둡고 무서운 산속에서 돌이를 찾은 아버지'

> 돌이 아버지는 들에서 일하다가 어두워져서 집에 돌아와 보니 돌이가 보이질 않네요. 손에 횃불을 들고 산속을 헤매다 홀로 쓰러져 울다 지친 돌이를 발견했어요.

💡 돌이 아버지가 되어 돌이에게 하고 싶은 말을 써 보세요.

....
....
....

1 아무도 없는 산속 외딴집에서 시집간 누나를 그리워하는 돌이가 너무나 슬퍼보이지요? 돌이 아버지가 돌이의 슬픔을 달래주려면 돌이네 형편상 어떻게 하는 것이 가장 좋은 방법일까요?

2 사람들은 외롭고 심심할 때 여러 가지 방법으로 시간을 보내고 있지요. 어떤 방법으로 여유로운 시간을 보내는 것이 좋을지 적어 봅시다.

글숲 여행을 마치며

「메아리」를 읽고 바쁜 하루 생활이나, 지나치게 나에 대해 관심과 애정을 표현한 가족들 때문에 힘들었던 나의 생활을 되돌아보았지요? 배워야 할 것도 많고, 나를 지켜보고 관심을 가져주는 사람이 많다는 것에 대해 어떤 생각과 자세를 가져야 할지 생각해 보고 돌이에게 하고 싶은 이야기를 글로 써 봅시다.

엄마는 파업 중

1 집안에서 해야 할 일은 어떤 것이 있는지 생각해 보고 집안일을 하는 사람을 적어 봅시다.

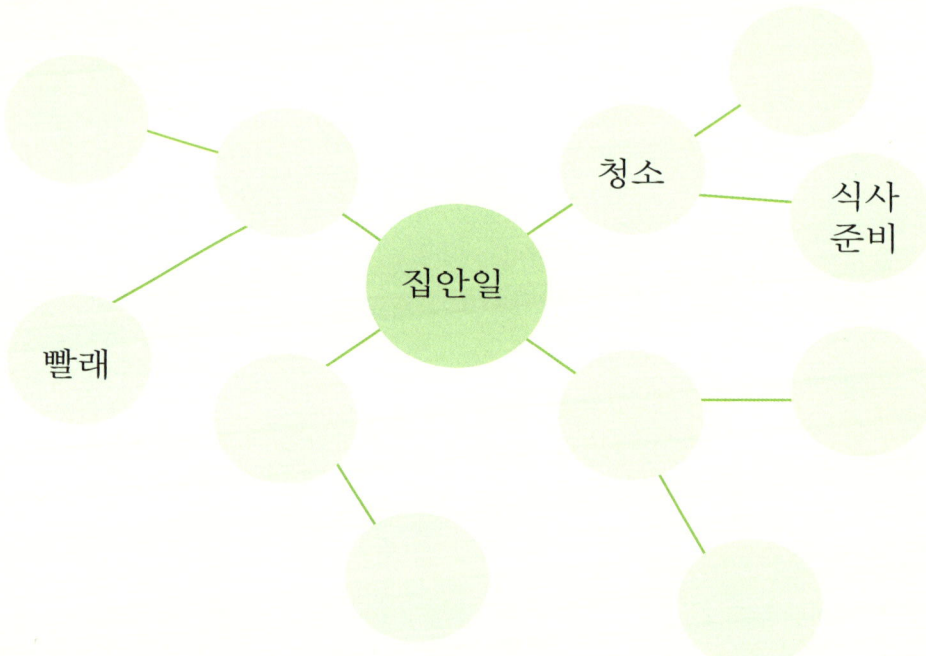

집안일 / 청소 / 식사 준비 / 빨래

2 내 힘으로 해결하기 어려운 문제에 부딪치면 나는 어떻게 하나요?

구연동화를 QR로 확인하세요.

엄마가 왜 파업을 하셨을까 생각해 보며 다음 글을 읽어 봅시다.

엄마는 파업 중

우리 집 뒤뜰에는 두 아름이나 되는 커다란 버즘나무(플라타너스)가 있어요. 그 버즘나무 위에 널따란 널빤지를 올려놓고 우리들의 아지트로 사용하고 있어요. 널빤지 한쪽에는 나무로 된 사과 상자를 놓아 책이나 인형을 얹어 놓았어요.

아름: 두 팔을 둥글게 모아서 만든 둘레
아지트: 어떤 사람들이 자주 어울려 모이는 장소

우리들은 날마다 아지트에 올라가 놀아요. 낮에는 바람에 실려오는 꽃내음을 맡고, 밤에는 팔 베고 누워 별자리를 찾았어요. 언젠가는 깜빡 잊고 책을 놓아두고 내려왔는데 그날 밤 소리도 없이 비가 내려 그만 빗물에 책이 젖어 버렸지 뭐예요. 다음 날 엄마는 반나절 동안이나 다리미로 젖은 책을 다리느라 고생을 했답니다.

오늘 학교 갔다 돌아오니 엄마가 보이지 않았어요. 동생들은 마당에서 훌쩍이고 있고요. 나는 깜짝 놀라 물었지요.

"예지야, 무슨 일이니? 엄마는 어디 가시고?"

예지가 손가락으로 나무 위를 가리켰어요. 얼른 버즘나무 위 아지트를 올려다보았어요. 그러자 엎드려서 나를 내려다보고 있는 엄마가 보였지요. 동시에 아지트 한쪽에 있는 푯말이 눈에 들어왔어요.

집안일: 살림을 꾸려 나가면서 하여야 하는 여러 가지 일. 빨래, 밥하기, 청소 따위를 이름

"엄마 파업 중, 청소, 요리, 빨래 등 집안일은 모두 안 함."

파업: 하던 일을 중지함

사실 엄마가 파업할 만한 이유는 충분했어요. 우리 집은 회사에서 늦게 돌아와 집안일이라고는 꿈쩍도 안 하는 아빠와 세 살 먹은 예지, 그리고 유치원에 다니는 수지, 나와 엄마까지 이렇게 다섯 식구가 살지요. 그런데 엄마를 도와주는 사람은 아무도 없어요.

물론 내가 제일 큰언니이니까 당연히 엄마를 도와줘야 하죠. 하지만 학교 갔다 오면 학원에 가랴, 텔레비전 보랴, 숙제 하랴……. 이렇게 이 일 저 일 하다보면 하루가 꼴딱 지나가 버려요. 아, 물론 오늘 같은 토요일은 피로를 풀어야 하고,

또 일요일에는 교회에 다녀와서 좀 놀기도 해야 하잖아요.

그런데 오늘 엄마가 파업을 한 거예요. 나는 동생들에게 화를 내는 척하며 엄마에게 내 목소리가 들리도록 큰 소리로 말했어요.

"너희 둘이 무슨 일을 저질렀기에 엄마가 파업을 하셨니?"

"나는 안 그랬어. 수지가 울고불고 난리를 피웠지."

난리: 분쟁, 재패 따위로 세상이 소란하고 질서가 어지러워진 상태

예지는 자기에게 불똥이 떨어질까 봐 손까지 흔들어 가며 변명했어요. 나는 나도 모르게 엄마 말투를 흉내 내어 예지에게 큰 소리를 쳤어요.

변명: 어떤 잘못이나 실수에 대해 구실을 대며 그 까닭을 말함

"그럼 넌 잘못한 게 하나도 없단 말이야?"

"피! 언니는 안 그러나, 꼭 엄마같이 그래."

"뭐? 너, 정말 언니한테 대들래?"

대들다: 요구하거나 반항하느라고 맞서서 달려들다

나는 예지에게 눈을 부라린 다음에 엄마를 올려다보았어요. 엄마는 눈을 부릅뜨고 내려다보고 있었어요. 속으로 찔끔했지만 부드러운 목소리로 엄마를 불렀지요.

"안 내려오실 거예요?"

"그래."

"갑자기 이러시면 어떡해요!"

"뭐가 갑자기니. 엄마가 날마다 얘기했잖아!"

엄마의 대답에 할 말이 없었어요.

'자기 방 자기가 치우기, 쓴 물건은 제자리에 갖다 놓기, 서로 싸우지 않기, 옷 벗어서 옷걸이에 걸기, 빨래는 세탁기에 넣기 등등.'

엄마는 날마다 똑같은 말을 수도 없이 해 왔어요. 그리고 요즘 들어 부쩍 '집안 일에 채이고, 니들끼리 싸우기만 해서 엄마 일 사표 내야겠다'고 입버릇처럼 말했거든요.

입버릇: 입에 배어 굳은 말버릇

'좋아, 오늘만이라도 엄마에게 휴가를 드리자.'

그렇게 생각하고 나니 훨씬 마음이 가벼워졌어요.

"예지야, 수지야! 엄마가 파업 중이니까 지금부터 집안일을 우리끼리 하자."

예지와 수지는 고개를 끄덕였어요. 나는 엄마를 향해 큰 소리로 말했어요.

"조금만 쉬다가 내려오세요."

엄마는 대답도 없이 돌아누워 버렸어요. 나는 예지와 수지의 손을 잡고 방으로 향했어요. 그런데 거실로 들어서자마자 발 디딜 틈도 없이 흐트러져 있는 장난감이 눈에 들어왔어요.

"너희들은 장난감부터 정리해."

내 말이 떨어지자마자 예지는 장난감 정리상자를 끌고 와 장난감을 넣기 시작했어요.

정리상자 : 흐트러지거나 혼란스러운 상태에 있는 것을 한데 모으거나 치워서 질서 있는 상태가 되게 하는 상자

나는 아빠에게 전화를 걸었어요.

"아빠, 엄마가 파업 중이에요."

"뭐, 파업? 직장도 안 다니는 엄마가 무슨 파업? 네가 잘못 들은 것 아니냐? 어디 간다고 하던?"

"아니에요. 지금 우리 아지트에 올라가서 청소, 요리 다 안 하신다면서 파업 중이라니까요."

내 말을 잘 못 알아듣는 아빠에게 큰 소리로 말했어요.

"뭐? 엄마가 나무 위로 올라갔다고? 어허, 거 별일이군. 그래 알았다. 되도록 빨리 가마."

"빨리 오셔야 해요. 그렇지 않으면 엄마는 안 내려오실지도 몰라요."

전화를 끊고 나니, 예지와 수지가 서로 장난감을 던지며 놀고 있었어요.

"뭐 해? 빨리 치우지 않고."

나는 싱크대로 다가서며 신경질을 부렸어요.

싱크대 : 조리할 재료를 다듬거나 씻거나 조리할 수 있도록 만든 부엌세간. 개수대, 설거지대와 같은 뜻

동생들에게 점심을 차려 준 뒤 뒤뜰로 나갔어요. 엄마는 엎드려서 하늘로 발을 치켜든 채 책을 읽고 있었어요. 나는 고개를 뒤로 젖히고 배에다 힘을 주며 말했지요.

"엄마, 내려와서 점심 드세요."

"싫어!"

"정말 안 내려오실 거예요?"

"그래."

"좋아요! 그럼, 내려오지 마세요. 내가 엄마 대신 다 할 테니까."

나는 엄마에게 톡 쏘아붙이고 돌아섰어요. 그러고는 거실로 들어와 버렸지요. 그때까지도 난 엄마가 하는 일이 그렇게 많은 줄 몰랐어요. 그런데 웬걸요. 점심을 먹고 설거지를 끝낸 다음 잠깐 쉬기 위해 방으로 들어갔지요. 그런데 동생들과 내가 아무렇게나 벗어 놓은 옷가지가 방바닥 여기저기에 널브러져 있는 거예요. 게다가 오늘 아침 가방을 챙기고 나서 방바닥에 던져 놓은 책들도 눈에 들어왔고요. 순간 볼이 후끈 달아올랐지요.

널브러져 : 너저분하게 흐트러지거나 흩어지다

엄마는 우리가 학교에 가고 나면 집 안 청소, 빨래, 요리⋯⋯, 쉴 틈도 없이

일했나 봐요.

　나는 옷을 걸면서 마당에서 놀고 있는 예지를 불렀어요.

　"예지야, 이리 와서 언니 좀 도와줘."

　"……."

　"예지야, 이리 들어와!"

이번에는 좀 더 큰 소리로 불렀지만 여전히 대답이 없었어요.

　"아니, 쟤가 정말!"

나는 씩씩거리며 마당으로 나갔어요. 예지와 수지는 흙을 가지고 놀고 있었어요.

　"예지 너, 내가 부르는 소리 못 들었니?"

예지가 옷에 손을 털며 일어났어요. 수지도 덩달아 일어났어요. 예지와 수지의 옷에는 흙 자국이 얼룩얼룩 묻어 있었어요.

　"옷을 더럽히면 어떡해?"

　"빨면 되지."

　"엄만 파업 중이잖아!"

　"세탁기로 돌리면 되잖아!"

　"그럼 세탁기 네가 돌려!"

예지가 투덜거리며 화장실로 향했어요. 나도 수지를 데리고 화장실로 들어가 수지의 옷을 벗긴 후 샤워를 시켰어요. 그런데 수지의 머리를 감기는 일이 문제였어요. 엄마처럼 수지를 무릎에 눕혀서 고개를 뒤로 젖힌 채 감길 수는 없었어요. 내가 안기에는 너무 무거웠거든요. 그렇다고 그냥 앉혀 놓고 머리를 감기려니 샴푸가 눈으로 들어갈까 봐 걱정이었지요. 그래 고민하다가 아빠에게 맡기기로 하고 대충 샤워를 끝내고 말았어요.

샤워 : 소나기처럼 뿜어 내리는 물로 몸을 씻는 일

　"들어가 옷 입어."

　"치, 엄마는 다 입혀 주는데……."

할 수 없이 수지를 데리고 방으로 들어갔어요. 걸다 만 옷가지와 책들이 또다시 눈에 들어왔어요. 나는 옷가지들을 발로 한쪽으로 쓱쓱 밀고는 수지의 옷을 찾아 입혀 주었어요.

옷가지 : 몇 가지의 옷. 또는 몇 벌의 옷

　"엄마한테 갈래."

11. 엄마는 파업 중

옷을 갈아입은 수지는 밖으로 나갔어요. 그때 샤워를 마친 예지가 들어왔어요.

"예지야, 너는 방 좀 치워."

"피, 언니랑 수지 옷도 있는데 왜 나만 치워?"

"난 저녁 준비해야 되잖아."

예지는 마지못해 입을 삐죽이며 방을 치우기 시작했어요. 나는 지갑에서 용돈을 꺼내 들고 뒤뜰로 나갔어요. 엄마는 수지를 내려다보고 있었지요. 수지는 인형을 업고 흙장난을 하고 있었어요.

"아니, 너는 샤워시켜 줬더니 여기서 또 흙장난이야!"

흙장난 : 흙을 가지고 노는 장난

엄마처럼 수지에게 큰 소리를 쳤어요. 수지는 깜짝 놀라 나를 쳐다보았어요.

"빨리 들어가 깨끗이 씻어!"

수지에게 다시 한 번 큰 소리를 친 후, 한풀 꺾인 목소리로 엄마에게 말했어요.

"언제까지 그렇게 계실 거예요? 아빠도 빨리 온다고 했으니까 저녁 준비 하셔야죠."

"……."

"그럼, 뭘 사오면 되는지 말해 주세요."

"……."

엄마는 아무 대답도 없었어요. 나는 걱정스런 마음으로 시장에 갔어요. 하지만 겨우 라면 끓이는 것과 학교에서 배운 달걀 삶는 것밖에 할 줄 모르는 나는 그냥 돌아서고 말았어요.

축 처진 모습으로 거실로 들어서자 부엌에서 일하고 있는 아빠가 보였어요.

"아빠, 정말로 빨리 오셨네요."

반갑게 아빠를 부르며 달려갔지요. 아빠는 냄비에 된장을 풀고 있었어요.

"아빠가 총각 때 자취를 했는데 말야, 된장국을 끓여 놓으면 친구들은 맛이 일품이라고 칭찬을 해 주었지. 오늘은 내가 솜씨를 발휘해 보마."

총각 : 결혼하지 않은 성년 남자
일품 : 품질이나 상태가 제일감

아빠는 엄마가 파업 중인 게 아무렇지도 않나 봐요. 그러면 엄마의 파업이 더 길어질 텐데, 속으로 은근히 걱정을 했어요. 하지만 그 생각은 금방 지워져 버렸죠.

'아빠, 머리 감겨 줘. 수학 문제 열 개 내 주세요. 알림장에 사인해 주세요. 가정통신문 좀 보세요. 언니가 괜히 시비 걸어. 배고파요. 빨리 밥 줘요……'

돌아가며 아빠를 찾는 우리들의 목소리에 아빠는 귀를 막았어요.
게다가 짜고 시큼한 된장국 맛이란!
아빠는 풀 죽은 목소리로 물었어요.
"엄마가 왜 갑자기 파업을 한 거니?"
"우리 집 식구들 모두 집안일을 몽땅 엄마에게만 미루었잖아요."
"그러게 너희들이 평소에 엄마 좀 도와주지 그랬니. 은지 너는 오늘 빨리 끝났을 거 아냐."
"그러는 아빠는 평소에 엄마 좀 도와주지 그랬어요."
"아빠야 회사에 가서 하루 종일 일하잖아. 또 밤늦게 오니까 도와주고 싶어도 시간이 없고."
"일요일에는 쉬잖아요. 하루 종일 텔레비전만 보시면서."
나는 입을 삐죽거렸어요. 아빠는 조금 작은 목소리로 대답했어요.
"아빠도 일요일에는 좀 쉬어야지. 그래야 또 밖에 나가서 열심히 일하지 않겠니."
"엄마도 일주일 내내 집안일에다 우리들 뒤치다꺼리에다 아빠 시중까지 드느라고 피곤한데, 왜 엄마는 일요일에도 일해야 돼요?"

뒤치다꺼리 : 뒤에서 일을 보살펴서 도와주는 일

"아, 그거야……. 음, 그러니까……. 아무튼 엄마는 엄마잖아. 엄마가 집안일 하는 것은 당연한 일이지."
"뭐가 당연해요! 우리가 서로 집안일을 나누어서 돕지 않으면 엄마는 파업을 계속하실 거예요. 엄마가 파업을 계속해도 아빠는 좋으세요?"
아빠는 아무 대답도 못 하고 머리만 긁적였어요.
"지금부터라도 우리가 집안일을 나누어서 해요."
"어, 어떻게?"
"아빤 일찍 일어나서 이불 개고 방을 치우세요. 난 엄마가 밥상 차리는 것을 돕겠어요. 그리고 우리 방은 우리 스스로 치울 테니까, 아빠도 아침에 양말, 손수건, 와이셔츠는 찾아서 입으시고요."
"그건 좀……."
"그러다 끝까지 엄마가 파업해도 좋으세요? 우리는 싫어요!"

11. 엄마는 파업 중

"그래요!"

예지가 옆에서 내 편을 들었어요.

"그래, 좋아. 그렇게 해 보자. 까짓 것 그렇게 해 보는 거야. 엄마 혼자서도 다 했는데 우리라고 못 하겠니?"

뚝배기 : 된장찌개 따위를 끓이거나 담을 때 쓰는 오지그릇

아빠는 큰 결심을 하듯 몇 번이나 중얼거리면서 된장뚝배기를 들었어요.

"그럼, 우리의 의견이 모아졌으니까 엄마에게 협상하러 가자."

협상 : 어떤 목적에 부합되는 결정을 하기 위하여 여럿이 서로 의논함

아빠는 뒤뜰로 나갔어요. 우리도 아빠 뒤를 졸졸 따라 나갔어요. 아지트에서 엄마는 턱을 괴고 엎드려 우리를 내려다보고 있었지요. 점심도 안 먹은 엄마는 된장국 냄새가 나는데도 전혀 관심이 없는 것 같았어요.

아빠가 은근한 목소리로 말했어요.

"사랑하는 여보, 내가 된장국을 끓였는데 어째 좀 이상해. 당신이 간 좀 봐 주구려. 우리들이 협상안도 가져왔는데."

"협상안이 있으면 적어서 이리 올려보내세요."

"그러지 말고 내려와서 이야기합시다. 점심도 안 먹어서 배고플 텐데."

"그럼, 거기서 말해 보세요."

"그럽시다. 첫째, 나는 나 스스로 출근 준비를 한다. 둘째……."

아빠는 우리와 함께 이야기한 내용을 큰 소리로 쭉 말했어요. 눈을 감고 가만히 듣던 엄마가 입을 열었어요.

"거 괜찮은 조건이군요. 지켜 주기만 한다면요."

"엄마, 걱정 마세요. 약속 꼭 지킬 거예요. 그렇지, 너희들!"

나는 얼른 동생들에게 눈짓을 보내며 말했어요. 예지와 수지도 몇 번이나 고개를 끄덕였지요. 그런데 수지가 갑자기 울음을 터뜨렸어요.

눈짓 : 눈을 움직여서 상대편에게 어떤 뜻을 전달하거나 암시하는 동작

"엄마, 배고파. 아빠 국은 이상해."

"알았어. 엄마가 간 볼게."

엄마는 아지트에서 내려왔어요. 아빠는 얼른 국자를 내밀었어요. 우리는 엄마 품으로 파고들었어요. 간을 보는 엄마에게 아빠가 웃으며 물었어요.

"그럼 파업은 끝난 건가?"

"아니요. 앞으로 좀 더 두고 봐서 파업을 계속할지 그만둘지를 정할 거예요."

엄마는 딱 잘라 말했어요. 우리들은 엄마에게 두 손 들었다는 듯 어깨를 으쓱였어요. 그러고는 모두 식탁으로 향했어요. 그때 엄마가 살그머니 내 귀에다 속삭였어요.

"그런데, 너희들 아지트에 있으니까 내가 어린애가 된 기분이야. 앞으로 너희들 따라 가끔 올라가도 되지?"

나는 깜짝 놀라 두 손을 흔들었어요.

"참으세요, 엄마! 아지트가 무너져요!"

엄마는 개구쟁이처럼 활짝 웃었어요.
개구쟁이 : 심하고 짓궂게 장난을 하는 아이
어유! 우리 엄마는 아무도 못 말려요.

① 은지네 가족은 누구누구가 함께 삽니까?

② 은지와 수지, 예지는 낮에 주로 어디에서 어떻게 놀고 지내나요?

③ 은지 어머니는 아지트 한쪽에 어떤 내용의 푯말을 달아놓으셨나요?

④ 엄마가 날마다 아이들에게 부탁한 내용은 무엇인지 적어 보세요.

⑤ 은지네 가족이 엄마에게 내민 협상안은 무엇인가요?

가. 아빠	
나. 아이들	

1 '집안일을 소홀히 하는 가족들에게 화가 난 엄마'

　은지 엄마는 가족들이 집안일을 돕지 않고 엄마에게만 미루어 몹시 화가 났어요.

😊 은지 엄마가 되어 가족들에게 하고 싶은 말을 해 보세요

대상	하고 싶은 말
가. 남편	
나. 맏딸 은지	
다. 수지와 예지	

2 '너무 많은 집안일에 놀란 은지'

　엄마에게 오늘 하루만 휴가를 주기로 마음 먹고 집안일을 하려고 했던 은지는 해도해도 끝이 없는 집안일에 몹시 놀라고 그동안 엄마가 얼마나 힘들었을지 생각하니 죄송한 마음이 들었어요.

😊 은지가 되어 엄마께 드리고 싶은 말을 해 보세요.

....

....

11. 엄마는 파업 중

1 은지 엄마는 집안일을 미루는 가족들에게 화가 나자 파업을 선언하는 푯말을 매달고 나무 위에 올라가 버리셨어요. 은지 엄마가 평소에 느끼는 불만을 어떻게 해결했으면 좋았을까 의견을 적어 보세요.

2 우리 집 집안일은 누가 하는지 생각해 보고 가족 모두가 행복하기 위해서 어떻게 역할 분담을 해야 할지 적어 보세요.

글숲 여행을 마치며

학교에 갔다오면 집안의 물건들은 잘 정리정돈 되어 있고 거실바닥은 반짝반짝 윤이 나며 식탁에 맛있는 음식이 준비되어 있는 것을 보면 어떤 생각이 드나요? '엄마는 파업 중' 내용을 되새겨 보고 우리 가족이 행복해지고 편히 쉬도록 늘 고생하시는 분의 수고를 생각하며 그 분에게 감사하는 마음을 담아 편지를 써보세요.

샬롯의 거미줄

1 나에게 슬픈 일 혹은 기쁜 일이 생겼을 때 기쁨이나 슬픔을 함께 나누고 싶은 친구는 누구인지 생각해 보고 난 왜 그 친구와 함께하고 싶은지 이유를 적어 봅시다.

가. 함께 우정을 나누고 싶은 친구 :

나. 그 친구랑 함께하고 싶은 이유 :

2 샬롯의 거미줄이란 제목을 듣고 떠오르는 생각을 적어 봅시다.

구연동화를
QR로 확인하세요.

대자연의 농장 속에서 거미 샬롯과 돼지 윌버가 빚어내는 위대한 우정을 상상해 보며 다음 글을 읽어 봅시다.

샬롯의 거미줄

아침 일찍 일어난 펀은 아버지가 어제 낳은 새끼돼지가 너무 작고 약해서 없애려고 하는 것을 알게 되었다. 펀은 펄쩍 뛰며 새끼돼지를 죽여서는 안 된다며 자신이 키우겠다고 아버지에게 매달렸다. 아버지는 필사적으로 매달리는 딸을 막지 못하고 새끼돼지를 넘겨주었다.
필사적: 죽을 힘을 다하는

펀은 돼지에게 우유를 먹이고 학교에 등교를 하였으나 선생님이 질문을 할 때조차도 돼지생각만 하고 있었다.

펀은 돼지 이름을 윌버라고 짓고 무엇보다도 윌버를 사랑했다. 펀은 윌버에게 우유를 먹이는 것과 윌버를 쓰다듬는 것과 잠재우는 것을 매우 좋아했다. 윌버는 그런 펀을 뒷다리로 서서 존경의 눈으로 쳐다보곤 하였다.
존경: 남의 인격, 사상, 행위 따위를 받들어 공경함

날이 따뜻해지자 마당 한 켠에 나무상자로 윌버의 집이 마련되고 맘껏 드나들 수 있는 문도 마련되었다.

매일 아침밥을 먹고 나면 윌버는 길까지 따라나와 펀과 함께 버스를 기다렸다. 펀이 학교에 가 있는 동안 윌버는 자기 마당에서 혼자 지내야만 했지만 펀이 돌아오면 윌버는 자유의 몸이 되어 펀을 졸졸 따라다녔다. 펀은 윌버를 데리고 산책을 나갔다가 윌버가 피곤해하면 윌버를 안아 올려서 유모차에 태웠다. 그리고
산책: 휴식을 취하거나 건강을 위해서 천천히 걷는 일
유모차: 어린아이를 태워서 밀고 다니는 수레
윌버가 아주 피곤할 때는 눈을 감기고 인형 이불을 덮여 잠을 재웠다. 윌버의 생활은 낮에는 매일매일 즐거웠고 밤에는 매일매일 평화로웠다.

윌버가 태어난 지 다섯 주가 되자 아버지는 윌버가 충분히 자랐으니 내다 팔아야겠다고 말했다. 윌버의 식욕이 왕성해지자 펀의 엄마아빠는 더 이상 돼지의 먹이를 댈 마음이 없었다.

펀이 와락 울음을 터뜨리자 아버지는 펀이 가끔 가볼 수 있도록 펀의 집에서 가까운 거리에 살고 계시는 삼촌에게 새끼돼지를 팔았다. 윌버는 그때부터 삼촌

댁 헛간에서 살게 되었다.

 헛간은 건초냄새, 땀 냄새, 단 냄새들이 났지만 평화로웠다. 가축들이 밖으로
헛간 : 막 쓰는 물건을 쌓아두는 광. 흔히 문짝이 없이 한 면이 터져 있다
나갈 수 없는 겨울이면 헛간은 기분 좋게 따뜻했고 시원한 산들바람이 들어오게
산들바람 : 시원하고 가볍게 부는 바람
커다란 문을 활짝 열어놓는 여름이면 기분 좋게 시원했다. 삼촌은 윌버를 따뜻하
고 안락한 두엄더미 옆에 자리를 잡아주었다.
두엄더미 : 풀, 낙엽이나 동물의 배설물 따위를 썩혀 만든 거름을 쌓은 더미

 펀은 거의 매일 윌버를 보러 왔다. 펀은 윌버의 우리 옆에 앉아 생각에 잠기기
우리 : 짐승을 가두어 기르는 곳
도 하고 지켜보기도 하고 가축들에게 귀를 기울이기도 하면서 긴 오후를 보냈다.
가축 : 집에서 기르는 짐승
우리 속에 사는 짐승들은 이제 펀을 알아보게 되었고 믿게 되었다.

 윌버가 지루한 나날을 보내던 어느 날, 암거위는 우리를 탈출하는 방법을 알려
주었다. 윌버는 판자를 뚫고 나와 이곳저곳을 뛰어다니며 행복해했다. 농장의 친
구들은 다 열광했지만 어리석게도 먹보인 윌버는 먹이로 유인당하여 다시 잡혀
유인하다 : 주의나 흥미를 일으켜 꾀어내다
와 우리 속으로 들어갈 수밖에 없었다.

 윌버는 계속 스케쥴을 짜고 탈출을 하려고 시도하는 한편 친구들에게 같이 놀
자고 해봤지만 거위부부는 알을 품어야 해서 놀지를 못하고 양은 윌버가 더럽다
고 싫어했다. 다른 동물들은 다 멀리있고……, 윌버는 무척 외로워 하였다.

 그때 마침 샬롯트 즉 거미가 등장하여 윌버의 가장 친한 친구가 되었다. 시간
은 흘러, 펀은 마침내 여름방학이 시작되고 쥐가 낳은 알을 깨뜨리던 일, 오빠가
넘어지던 일, 뭐 그런 많은 사건들이 있었다. 펀은 농장에서 많은 시간을 보내면
서 동물들과 대화를 할 수 있게 되었다. 엄마는 펀이 동물들과 대화를 한다는 것
을 알고 펀의 머리가 어떻게 된 것이 아닌가 걱정이 되어 닥터 도리안을 찾아가
는 일도 있었다.

 어느 날 늙은 양이 이야기를 꺼냈다. 윌버도 이제 많이 컸으니 이제 햄이나 베
이컨으로 사람들에게 먹히게 된다고……. 이 말을 들은 윌버는 너무도 놀라 죽
기 싫다고 울음을 터뜨렸다. 거미 샬롯이 이 모습을 지켜보더니 가엾은 윌버를
구해주겠다고 말했다.

 윌버는 슬퍼하면서도 한편으론 즐겁게 지냈다. 샬롯처럼 거미줄을 짜보려고
시도도 해보고 샬롯과 우정을 나누며 하루하루 즐겁게 살아갔다.

 그러나 샬롯은 어떻게 하면 윌버를 구할 수 있을까 늘 고민하다가 마침내 좋은

생각을 떠올렸다. 그 계획이란 펀의 아버지를 속이겠다는 것이었다.

펀의 삼촌 가족들은 이제 윌버를 잡아먹으려고 하였다. 샬롯은 거미줄에 글자를 새기기로 하였다. 마침내 샬롯은 '대단한 돼지'라고 거미줄에 글자를 새겼다.

다음날 아침 이 글자를 본 펀의 삼촌은 너무도 놀라 부인과 마을 목사님께 달려가서 이 기적을 알렸다. 목사님은 일요일에 이 사실을 마을에 알리려 하였으나 그 소문은 삽시간에 마을에 퍼져 마을 사람들은 물론 근처 수 킬로미터 밖에서부터 사람들이 샬롯의 거미줄에 씌여진 글자를 읽으려고 찾아왔다.

기적 : 상식적으로 생각할 수 없는 기이한 일

시간이 흐르자 사람들의 관심은 시들해지고 삼촌 가족들은 다시 윌버를 잡아먹을 생각을 하였다. 그래서 샬롯은 또 다른 글자를 새기기로 동물농장 가족들과 논의를 하였다.

그 결과로 '아주 좋은'이란 글자를 새겼다. 다시 군중들은 몰려들고 윌버의 인기는 하늘을 찌를 듯 하였으나 다시 인기가 없어졌다.

군중 : 한곳에 모인 많은 사람
인기 : 어떤 대상에 쏠리는 대중의 높은 관심이나 좋아하는 기운

샬롯은 윌버에 대한 관심이 식을 때마다 새로운 글자를 새겨 농장의 관심을 윌버에게로 돌리게 하였다. 윌버 또한 샬롯과 친구가 된 이후로 자신의 평판에 걸맞게 살려고 최선을 다해왔다. 샬롯의 거미줄에 '대단한 돼지'라고 씌었을 때는 대단한 돼지처럼 보이려고 열심히 노력했다. 또 샬롯의 거미줄에 '근사해'라고 씌었을 때는 근사하게 보이려고 노력했다.

근사하다 : 그럴듯하게 괜찮다

그러나 그렇게 보이는 것은 쉽지 않았다. 윌버는 의지를 가지고 거기에 몰두했다. 구경꾼들이 지루해하면 공중으로 껑충 뛰어올라 몸통을 반쯤 비틀면서 뒤로 공중제비를 넘었다. 이쯤이면 사람들은 환호하며 박수를 보냈고 삼촌은 기분이

공중제비 : 두 손을 땅에 짚고 두 다리를 공중으로 쳐들어서 반대 방향으로 넘는 재주

좋아서 돼지 자랑을 하였다.

도도하다 : 잘난 체하여 주제넘게 거만하다

헛간에 있는 윌버의 친구들은 사람들의 관심이 윌버를 자만에 빠지게 해서 도도하게 만들지는 않을까 염려했다. 하지만 윌버는 유명해졌다고 해서 달라지지 않았고 겸손했다. 윌버는 밤이 되면 때로 죽음의 악몽에 시달리곤 하였지만 낮에는 대체로 행복했고 샬롯과의 우정 속에서 행복한 나날을 보냈다.

자만 : 자신이나 자신과 관련 있는 것을 스스로 자랑하며 뽐냄

여름이 가고 가을이 왔다. 공원에서는 최고의 돼지를 뽑는 대회가 있어 삼촌인 주커맨씨는 윌버를 우유목욕을 시키고 단장시켜서 품평회장에 내보냈다.

샬롯은 바쁜 일정이었으나 윌버와 동반해주고 쥐인 템플레톤은 윌버가 죽으면 그도 굶어 죽는 사실을 알고 따라갔다. 윌버가 상을 타야 윌버의 먹이가 보장되고 윌버와 그는 먹이를 같이 먹을 수 있었기 때문이다.

그러나 품평회장에는 윌버보다 더 강적이 와 있었다. 샬롯은 윌버를 돋보이게 하는 방법을 생각한 뒤 마지막으로 글자를 쓰기로 하였다.

그날 밤, 템플레톤은 윌버에게 어울리는 낱말을 찾기 위해 공원으로 달려가 신문, 잡지 등을 뒤적거렸다. 드디어 템플레톤은 윌버에게 어울리는 낱말을 찾았는데 그 말은 '겸손한'이란 낱말이었다.

사람들은 '겸손한'이란 단어를 보고 놀랐다. 하지만 펀의 가족과 주커맨 가족은 윌버의 경쟁 상대가 대회에서 1등을 한 것을 보고 울었다. 그들은 비록 1등의 자

리는 빼앗겼지만 포기하지 않고 윌버에게 버터우유 샤워를 시켜주어 윌버의 몸이 윤이 나고 깨끗해지도록 하였다. 사람들은 깨끗한 돼지인 윌버에게 다시 관심을 가지게 되었고 품평회 본부에서는 윌버에게 많은 손님들을 모아준 감사의 표시로 특별상을 수여하였다. 윌버는 마침내 상을 타게 된 것이다.

품평회 : 물건이나 작품의 좋고 나쁨을 평하는 모임

샬롯은 이제 나이도 들고 글자를 쓰기 위해 온 힘을 다했기 때문에 스스로 죽음을 예감하였다. 샬롯은 자신을 대신하여 대를 이을 알주머니를 만들어 놓고 품평회장에서 집으로 돌아오지 못한 채 홀로 죽음을 맞이하였다. 윌버는 친구의 죽음이 안타까워 몸부림쳤지만 어쩔 수가 없었다. 윌버가 할 수 있는 일이란 친구가 남긴 알주머니를 안전하게 가져오는 일뿐이었다.

예감 : 어떤 일이 일어나기 전에 암시적으로 또는 본능적으로 미리 느낌

다시 봄이 되었다. 주커맨 가족들은 윌버를 죽이지 않았다. 윌버는 샬롯을 생각하며 허전한 나날을 보내고 있었다. 이윽고 봄이 되자 샬롯의 아기들이 깨어났다. 그러나 그들은 윌버가 붙잡으려 해도 멀리멀리 사라져 갔다. 그러나 샬롯의 아기들 중 세 마리는 농장에 남았다. 그들의 이름은 조이, 넬리, 에이라니아였다.

윌버는 샬롯의 딸들에게 영원한 우정을 맹세하였다. 윌버는 샬롯의 새끼들과 손자들과 증손자들과 더불어 행복한 나날을 보냈다.

우정 : 친구 사이의 정
증손자 : 손자의 아들 또는 아들의 손자

펀의 삼촌 주커맨씨는 윌버의 남은 여생을 잘 돌보았고 윌버를 칭찬하는 사람들이 이따금씩 찾아왔다. 그들은 윌버가 품평회에서 승리했던 그해와 그 거미줄의 기적을 잊지 못했기 때문이다.

여생 : 앞으로의 남은 인생

윌버는 많은 친구들과 따스하고 유쾌한 헛간 아래층의 최고의 장소에서 행복하게 세월을 보냈지만 결코 샬롯을 잊지 못했다. 윌버는 샬롯의 새끼들과 손자들을 깊이 사랑했지만 어떤 거미도 윌버에게 샬롯의 자리를 대신하지는 못했다.

1 펀의 아버지는 왜 새끼돼지를 없애려고 하였을까요?

2 윌버가 죽음의 공포를 느낄 때 누가 윌버를 지켜주려고 나섰습니까?

3 샬롯이 윌버를 특별하게 보이도록 하기 위해 밤이 새도록 자기 몸에서 실을 뽑아 힘겹게 써 준 말을 적어 보세요.

4 자기에게 이익이 있거나 필요할 때는 잘해주고 별로 이익이 없으면 무관심했던 윌버의 친구들은 누구였나요?

5 윌버가 사랑하는 샬롯을 위해 해 줄 수 있었던 일은 무엇이었나요?

1. '새끼돼지를 살려달라고 애원하는 펀'

펀이 아침 식사를 하기 위해 식당에 들어서자 아빠가 손에 도끼를 들고 서 계시네요. 이유를 알아보니 이제 막 태어난 못난 새끼돼지를 죽이려고 하시나봐요.

펀이 되어 아버지가 불쌍한 새끼돼지를 죽이려는 마음을 바꿀 수 있도록 설득해 보세요.

....
....
....
....

2. '윌버를 꼭 살려야겠다고 결심한 샬롯'

거미줄에 걸려 오는 먹이나 먹으며 한가로이 지내던 거미에게 죽음의 공포로 떨고 있는 가엾은 돼지는 특별한 존재로 다가왔어요.

거미 샬롯이 되어 죽음의 공포에 떨고 있는 돼지를 위로해 보세요.

....
....
....

1 샬롯은 작은 거미에 불과한데도 영리한 사람들을 속여서 마침내 친구를 지켜내고 온 몸의 기운이 빠져 결국 죽고 말았군요. 친구를 위해 혼신의 힘을 다한 샬롯이 죽어갈 때 그 자리에 있었다면 어떤 말을 해주고 싶은가요?

2 윌버는 자신을 위해 목숨을 다한 샬롯을 잊지 못하고 늘 허전한 채로 살아갑니다. 그렇게 살아가는 윌버를 만났다면 어떤 말을 해주고 싶은가요?

글숲 여행을 마치며

자신을 위해 헌신한 친구 샬롯이 떠나자 윌버는 먹고 싶지도 않고 웃고 싶지도 않습니다. 나는 친구에게 받기만 했고 친구를 위해 아직 무엇 하나 제대로 해 준 것이 없는데 떠나버리다니, 헛간 여기저기 다 둘러봐도 친구의 모습은 보이지 않고 가슴속에 찬바람만 붑니다.

윌버가 되어 하늘나라에 먼저 간 샬롯에게 안타까운 이 마음을 글로 전해 보세요.

13 돈키호테

1 요즘 영화, 드라마, 책을 보면 실제로 일어나지 않는 이야기를 실감나게 표현한 것들이 많습니다. 그 중에 하나를 골라 그 내용을 간단하게 소개해 보세요.

2 내가 직접 보거나 들은 내용 중에서 황당하고 놀라운 일이 있으면 적어 보세요.

구연동화를 QR로 확인하세요.

멋진 기사가 되고 싶은 돈키호테의 마음을 생각해 보며 다음 글을 읽어 봅시다.

돈키호테

에스파냐의 라만차 마을에 귀족 한 사람이 살고 있었다. 그는 중년을 훌쩍 넘긴 적지 않은 나이에 머리는 벗겨져 있었으며, 비쩍 마른 볼품없는 체구를 갖고 있었지만 나름대로 강단이 있는 사람이었다.

중년: 마흔살 안팎의 나이 또는 그 나이의 사람
강단: 굳세고 꿋꿋하게 견디어 내는 힘

그는 사냥을 매우 좋아했으며 무료할 때마다 기사들의 무용담을 읽곤 했다. 그런데 언젠가부터 기사들의 이야기에 너무 깊이 빠져들면서 집안 형편이 점점 어려워지기 시작했다.

무용담: 싸움에서 용감하게 활약하여 공을 세운 이야기
무료하다: 흥미있는 일이 없어 심심하고 지루하다

기사들의 이야기는 하나같이 아름다운 문장으로 쓰여 있었다. 사랑을 속삭이는 장면은 더할 수 없이 달콤한 말로 표현되어 있었고, 결투나 도전을 하는 장면은 눈앞에서 벌어지는 일을 직접 보는 것처럼 실감나게 그려져 있었다.

밤낮을 가리지 않고 그런 문장 속에 빠져 있던 귀족은 결국 제 정신을 잃고 말았다. 머리가 이상해진 그는 비록 나이는 많이 먹었지만, 기사가 되어 세상을 두루 돌아다니며 불쌍한 사람을 돕는 일을 하기로 결심한 것이다.

그는 우선 갑옷을 찾기로 했다. 오랜 시간 동안 창고에 박혀 있던 갑옷과 투구는 이미 낡을 대로 낡아서 쓸 수가 없었다. 하지만 그는 구석구석 기름칠을 하고 정성껏 닦아 사용할 수 있을 만큼 손질해 두었다.

이번에는 자신이 타고 다닐 말이었다. 그의 마구간에는 바짝 야위어 형편없는 말이 한 마리 있었다. 하지만 그의 눈에는 그 어떤 말보다 튼튼하고 훌륭한 말처럼 보였다.

"네 이름을 로시난테라고 지었다. 사흘 밤낮을 고민해 지은 이름이니 영광으로 알아야 한다."

그런데 곰곰이 생각해 보니 가장 중요한 것이 빠져 있었다. 세상을 호령할 기사인 자신의 이름을 빼먹은 것이었다. 그것은 말도 안 되는 일이었다.

"그래, 돈키호테라고 하자!"

그리고 더욱 폼이 날 수 있도록 이름 뒤에 라만차를 붙였다. 그의 이름은 돈키호테 라만차로 결정하였다. 이제 남은 것은 멋쟁이 기사의 열렬한 사랑을 받을 귀부인만 구하면 되었다.

품이 나다 : 모양새나 자세 따위가 멋있다

"내가 악당들과 결투를 벌여 통쾌하게 이긴다 하더라도, 그 영광을 송두리째 바칠 아름다운 여인이 없다면 아무런 소용이 없지. 암, 그렇고말고!"

통쾌하다 : 아주 즐겁고 시원하여 유쾌하다

돈키호테는 한때 자신이 좋아한 적이 있었던 이웃 마을 처녀를 떠올렸다. 돈키호테는 당장 그녀에게 『둘시네아 델 토보소』라는 귀부인의 이름을 붙여 주었다.

갑옷을 걸쳐 입은 돈키호테는 철사로 엉성하게 엮은 투구를 깊게 눌러쓴 다음, 창을 들고 로시난테의 등에 올라탔다. 그런데 기사도에 의하면 기사가 아닌 사람은 정식 기사와 결투를 할 수도 없고, 결투를 해서도 안 되었다. 또 기사의 칭호를 받기 위해서는 나름대로의 절차가 필요했다.

기사도 : 중세 유럽에서 기사로서 지켜야 했던 도덕. 기독교의 윤리를 바탕으로 용기, 경신, 인협, 예의, 염치, 명예 따위의 덕목을 이상으로 삼음

바로 그때, 돈키호테의 시야에 작고 허름한 주막이 들어왔다. 하지만 그의 눈에는 주막이 오색 빛을 찬란하게 내뿜는 훌륭한 성이었고, 주막 앞에 서 있는 두 여자는 자신의 방문을 뜨겁게 환영하는 귀부인으로 보였다.

그런데 마침 어떤 농부가 돼지를 몰기 위해 뿔나팔을 불기 시작했다. 그 소리를 환영 나팔 소리로 이해한 돈키호테는 거들먹거리며 주막집으로 다가갔다. 주막 앞에 서 있던 두 여자는 무장을 한 기사가 말을 타고 다가오자 겁이 나는지 뒷걸음질을 쳤다.

거들먹거리다 : 신이 나서 잘난체하며 자꾸 함부로 거만하게 행동하다

"아름다운 아가씨들, 나를 피하려 하지 마십시오. 내 어찌 그대들에게 무례한 짓을 하겠습니까. 기사도를 지키는 저는 여자들에게 해를 끼치지 않습니다."

무례한 : 거만한, 몰상식한, 방자한

돈키호테는 애써 늠름한 표정을 지으며 얼굴가리개를 들어올렸다. 그러자 투구 안에 감추어져 있던 본래의 얼굴이 드러났다. 그와 동시에 여자들이 갑자기 큰 소리로 웃음을 터트렸다. 바싹 마른 생김새도 그러하려니와, 자신들의 신분에는 어울리지 않는 아가씨라는 호칭이 황당할 따름이었다.

황당한 : 행동 따위가 참되지 않고 터무니없는

여자들이 웃는 소리를 듣고 주막집 주인이 밖으로 나왔다. 그러나 주인은 곧, 눈앞에 있는 이상한 사람이 무장을 한 기사라는 데 생각이 미쳤다.

일단은 공손하게 대할 수밖에 다른 도리가 없었다.

"기사 나리, 여기서 하룻밤 묵어가시렵니까? 저희 집에는 없는 것을 제외하고는 다 준비되어 있답니다."

그러자 돈키호테가 정중하게 대답했다.

"위대하신 성주님! 저에게는 모든 것이 과분할 따름입니다."

성주 : 성의 우두머리 과분하다 : 분수에 넘치다

돈키호테의 눈에는 주막이 성으로 보였으므로, 그 주인은 당연히 성주일 수밖에 없었다.

하루 종일 아무것도 먹지 않은 돈키호테는 휘청거리며 말에서 내렸다. 돈키호테의 갑옷을 벗기려던 두 여자가 낑낑거렸다. 엉성하게 만들어진 투구가 끈으로 단단히 묶여 있었는데, 매듭을 도저히 풀 수가 없었던 것이다. 그래서 그는 밤새 투구를 쓴 채 견딜 수밖에 없었다.

그때 다시 돼지를 모는 나팔 소리가 들려왔다. 그 나팔 소리를 들은 돈키호테는 성주가 자신을 위해 연주회를 열어 주는 모양이라고 생각했다. 돈키호테는 여행이 제대로 되어 가고 있다는 생각에 기뻐했다. 오직 한 가지, 아직껏 기사 칭호를 받지 못했다는 사실이 그를 우울하게 했다.

저녁을 먹은 돈키호테는 다짜고짜 주인을 데리고 마구간으로 갔다. 그러고는 털썩 무릎을 꿇더니 통사정을 하기 시작했다.

통사정 : 딱하고 안타까운 형편을 털어놓고 말함

"성주님, 제발 부탁 하나만 들어 주십시오!"

주막 주인은 어리둥절했지만, 돈키호테가 워낙 막무가내였으므로 무슨 부탁이든 들어 주겠다고 대답하지 않을 수 없었다.

막무가내 : 달리 어찌할 수가 없음

"제가 감히 성주님께 부탁드리는 것은, 저를 정식 기사로 임명해 달라는 것입니다."

그제야 주막집 주인은 돈키호테가 약간 정신 나간 사람이라는 사실을 확신할 수 있었다. 그래서 재미삼아 그를 한번 골탕 먹여 보기로 작정을 했다.

골탕 먹이다 : 한꺼번에 크게 손해를 입히거나 낭패를 당하게 만들다

"참으로 멋진 일이오. 나도 한 때는 모험을 좋아했답니다. 이곳저곳 세상을 떠돌며 온갖 일들을 다 해보았다오."

"대단한 성주님이시군요."

"하지만 나이가 들면서 은퇴할 수밖에 없었소. 후배 기사들을 양성하기 위해서 말이오. 그 이후로 이 성에 머물며 기사들을 돌봐 주고 있소. 내일 아침이

은퇴 : 직업에서 물러나거나 사회 활동에서 손을 떼고 한가히 지냄

되면 그대를 기사로 임명해 주겠소이다. 그런데……, 돈은 좀 가지고 있소?"

주막집 주인은 돈키호테에게 돈을 뺏어낼 작정이었다.

"돈이라고요? 기사 이야기를 보면 돈을 가지고 다녔다는 기사는 단 한 명도 없었습니다."

"그건 당신이 잘못 알고 있는 거라오. 기사들이 돈과 깨끗한 속옷을 갖고 다니지만 이야기 속에 그런 내용이 나오지 않는 것뿐이지요. 내가 충고를 하나 하겠는데, 앞으로는 반드시 돈을 가지고 다니시오."

<small>충고 : 남의 경험이나 잘못을 진심으로 타이름</small>

주막집 주인의 얘기를 심각하게 듣던 돈키호테는 그러겠다고 약속했다. 그러고는 우물 주변을 돌며 불침번을 서기 시작했다.

<small>불침번 : 몇몇이 번갈아서 잠을 자지 않고 살피고 지키는 일</small>

주인은 주막으로 들어가 사람들에게 돈키호테가 완전히 미친 사람이라고 얘기해 주었다.

하지만 사건은 그 전에 터지고 말았다. 마부 하나가 나귀에게 물을 먹이기 위해 우물로 다가선 것이었다. 마부가 우물 위에 놓인 갑옷을 치우려고 할 때였다.

"목숨이 아까우면 갑옷에서 손을 떼거라!"

마부는 미친 사람의 헛소리라 생각하고 대뜸 갑옷을 집어 들어 옆으로 휙 던져 버리고 말았다. 화가 머리끝까지 난 돈키호테는 창을 높이 들었다가 있는 힘껏 마부의 어깨를 내리쳤다. 눈 깜짝할 사이에 일어난 일이었다. 마부는 한 마디 소리도 질러보지 못하고 그 자리에 고꾸라지고 말았다.

<small>마부 : 말을 부려 마차나 수레를 모는 사람</small>

그 과정을 지켜본 마부의 동료들이 달려와 돈키호테에게 돌팔매질을 하기 시작했다. 하지만 돈키호테는 필사적으로 버티면서 우물을 떠나지 않았다. 일이 묘하게 흘러가자, 주인은 한 시라도 빨리 기사 임명식을 치러 주고, 재수 없는 기사를 떠나보내는 것이 낫겠다고 생각했다.

<small>돌팔매질 : 무엇을 맞히려고 돌멩이를 던지는 짓</small>
<small>필사적 : 죽을힘을 다하는</small>

아침이 되자 주막집 주인은 아이에게 촛불을 들고 오라고 한 다음, 돈키호테를 꿇어 앉게 했다. 그러고는 주막의 장부책을 들고 기사의 목과 어깨를 칼등으로 가볍게 쳤다. 그리고 기도를 하듯 중얼중얼 장부책을 읽었다. 사람들은 웃음을 참느라 눈물까지 흘리고 있었지만, 돈키호테는 모든 의식을 진짜로 알고 진지하게 임했다.

<small>의식 : 행사를 치르는 일정한 법식</small>

이전에도 없었고 이후에도 없을 이상한 기사 임명식이 끝나자 돈키호테는 바

박차 : 말을 탈 때 신는 구두의 뒤축에 달려있는 물건. 톱니바퀴 모양으로 쇠를 만들어 말의 배를 차서 빨리 달리게 한다. 어떤 일을 재촉하여 잘되도록 더하는 힘

로 로시난테 등에 올라탔다. 성주에게 인사를 마친 그는 로시난테에 박차를 가해 앞으로 달려 나갔다. 주막집 주인은 어서 빨리 그를 내보내기 위해 숙박료를 달라는 말도 하지 않았다.

한참을 달려가던 돈키호테는 기사라면 반드시 돈과 깨끗한 속옷을 가지고 다녀야 한다는 주막집 주인의 말을 떠올렸다. 그래서 하인도 하나 구할 겸, 집으로 돌아와 이웃 마을의 어수룩한 농부 한 사람을 꾀었다.

13. 돈키호테

"내가 모험에서 공을 세워 왕으로부터 섬이라도 하나 하사받게 된다면, 자네를 총독으로 임명할 걸세."

하사 : 윗사람이 아랫사람에게 물건을 줌

어수룩한 농부는 결국 돈키호테를 따라 나서기로 했다. 그의 이름은 '산초 판사'였다.

어수룩한 : 겉모습이나 언행이 치밀하지 못하여 순진하고 어설픈 데가 있는

"나리, 저에게 좋은 당나귀 한 마리가 있는데, 그걸 타고 가면 안 될까요?"

당나귀라는 말에 돈키호테는 잠시 고개를 갸웃거렸다. 그 어떤 책에도 당나귀를 탄 종자 이야기는 나오지 않았던 것이다. 하지만 무례한 기사를 만나면 말을 빼앗아 산초에게 주겠다는 생각을 하며 그의 청을 허락해 주었다.

종자 : 남에게 종속되어 따라다니는 사람

깨끗한 속옷을 잔뜩 챙긴 돈키호테와 산초는 아무에게도 알리지 않고 마을을 훌쩍 떠났다. 산초 판사는 섬의 총독이 된다는 생각에 가슴이 부풀어 올랐다. 아무리 큰 섬이라도 잘 다스릴 자신이 있었다.

한참을 걷던 돈키호테의 걸음이 우뚝 멈추고 소리쳤다.

"산초, 저길 보아라! 저기에 무례한 거인이 서른 명도 넘게 버티고 섰구나. 오늘은 저 녀석들과 한 판 겨뤄 봐야겠다."

산초는 돈키호테가 가리킨 곳을 바라보았다. 거기에는 삼사십 개 정도의 풍차가 날개를 돌리며 서 있었다.

풍차 : 바람의 힘을 기계적인 힘으로 바꾸는 장치

"잘 보십시오, 나리. 저기 서있는 것들은 모두 풍차입니다. 팔처럼 보이는 건 풍차 날개구요."

"넌 도대체 아는 게 없구나. 저놈들은 분명히 거인들이야. 흥, 겁이 나는 게로구나. 그럼 넌 여기 서서 보기나 해. 내가 싸우는 동안 기도나 하고 있으라고!"

말을 마친 돈키호테는 망설이지 않고 창을 휘두르며 앞으로 나갔다. 그때 마침 바람이 불었고, 풍차의 커다란 날개는 더욱 힘차게 돌아가기 시작했다.

"도망치지 마라, 비겁한 거인들아!"

거인 : 몸이 아주 큰 사람

돈키호테는 방패로 몸을 가린 다음, 창을 들어 정면에 있는 풍차를 향해 창을 있는 힘껏 쑤셔 박았다. 무서운 속도로 돌아가던 풍차 날개는 단번에 창을 부러뜨렸고, 그와 동시에 돈키호테와 로시난테는 날개와 함께 휘말려 공중으로 붕 떠올랐다가 떨어졌다. 산초 판사가 당나귀를 몰아 달려가 보니, 돈키호테는 꼼짝도 하지 못한 채 드러누워 있었다. 산초는 돈키호테를 부축해 일으켰다. 여기저

부축하다 : 겨드랑이를 붙잡아 걷는 것을 돕다

기 뼈가 부러진 것 같았다. 그리고 며칠이 흘렀다.

돈키호테와 산초 판사는 산속 길로 접어들었다. 한참을 가다가 낙타를 탄 두 명의 성 베네딕트 수도사들과 마주치게 되었다. 수도사들 뒤에는 귀부인이 탄 마차 한 대와 대여섯 명의 사나이들이 말을 타고 가고 있었다.

수도사 : 청빈, 정결, 순명을 서약하고 독신으로 수도하는 남자

돈키호테는 앞에 가는 사람들을 보자마자 산초에게 말했다.

"저길 보아라. 저 검은 옷을 입은 마법사들이 아름다운 공주님을 납치해 가고 있어. 저런 몹쓸 놈들! 내가 있는 힘을 다해 공주님을 구해 내야겠다!"

납치 : 강제수단을 써서 억지로 데리고 감

"나리, 저 사람들은 성 베네딕트 수도원 수도사들입니다. 마차는 그냥 지나가는 사람들이고요. 제발 제 말 좀 믿어 보세요."

돈키호테는 길 가운데 버티고 서서 있는 힘껏 소리쳤다.

"이 악마들아! 어서 공주님을 풀어 드려라. 그렇지 않으면 죽음을 면치 못할 것이다!"

깜짝 놀란 수도사들이 멈춰 섰다. 하지만 눈앞에 보이는 기사의 모습은 우스꽝스럽기 그지없을 뿐이었다.

노새 : 암말과 수나귀 사이에서 난 잡종으로 말보다 약간 작으며 머리 모양과 귀, 꼬리, 울음소리는 나귀를 닮았다

돈키호테가 창을 들고 달려들자, 수도사가 놀라 노새에서 떨어졌다. 그 모습을 본 나머지 한 수도사는 노새를 몰아 멀리 도망쳐 버렸다. 쓰러져 있던 한 수도사는 정신이 들자마자 다시 말에 올라 줄행랑을 쳤다.

황당하기로는 마차에 탄 귀부인도 마찬가지였다. 돈키호테는 귀부인의 시종과 한바탕 싸움을 벌였다. 하지만 귀부인이 나서서 제발 불쌍한 시종을 용서해 달라고 부탁한 뒤에야 점잖게 물러섰다.

시종 : 임금을 곁에서 모시어 어복과 어물에 관한 일을 맡아봄

어리둥절한 귀부인과 일행들을 뒤로 하고, 돈키호테와 산초는 다시 여행을 떠났다. 하지만 어디를 가서도 황당한 사건들만 일으키곤 했다.

그렇게 또 몇 달이 흘렀다.

괜한 시비에 휘말려 혼쭐이 난 돈키호테는 산초의 당나귀에 부상당한 몸을 얹었다. 산초는 로시난테를 밧줄로 묶어 끌었다. 길도 없는 곳을 헤매던 그들의 눈앞에 주막이 나타났다.

주막 : 시골 길가에서 밥과 술을 팔고 돈을 받고 나그네를 묵게 하는 집

"우와! 드디어 성을 발견했구나."

"성이라니요? 저건 주막집이라고요."

13. 돈키호테

"네 눈에는 저 훌륭한 성이 주막집으로 보인단 말이냐?"

"허, 참내! 그럼 저것이 성이란 말입니까?"

두 사람은 주막으로 들어가는 동안 그런 입씨름을 했다.

주막집 여주인은 인정이 많은 사람이어서, 돈키호테의 상처를 정성껏 돌보아 주었다. 주인의 딸과 가정부도 거들었다. 주인의 딸은 예쁘장하고 고운 얼굴을 하고 있었다. 그리고 가정부는 납작코에 펑퍼짐한 몸집이었다.

가정부 : 일정한 보수를 받고 집안일을 해주는 여자

죽은 듯이 누워 있던 돈키호테가 벌떡 일어나 여주인의 손을 덥석 잡았다.

"제가 이 성에 묵게 된 것만으로도 무한한 영광이온데, 이렇게 아름다우신 부인들께서 손수 간호까지 해주시니 어찌해야 할 바를 모르겠습니다."

주막집 여주인과 딸, 그리고 가정부까지 모두 황당한 표정을 지었다. 하지만 그 모든 말들 속에 감사하다는 뜻이 담겨져 있음을 느낌으로 알았다. 그래서 편히 쉬라는 말을 하고는 모두들 밖으로 나갔다.

황당하다 : 말이나 행동 따위가 참되지 않고 터무니없다

두 사람은 허름한 담요 한 장씩을 덮고 침대에 누웠다. 그 옆에는 마부 하나가 누워 있었다. 하지만 돈키호테는 잠이 오지 않았다. 온몸이 쑤시고 아픈 까닭이었다.

허름한 : 낡고 깨끗하지 못한

일없이 눈동자를 굴리던 돈키호테는 상상을 하기 시작했다.

'성주의 딸이 날 바라보는 눈치가 아무래도 심상치 않았어. 내 의젓한 모습에 반한 게 분명해. 하지만 난 절대 둘시네아 델 토보소 아가씨를 배신하지 않을 거야.'

심상치 않다 : 예사롭지 않고 이상하거나 특별하다

상상이 여기에 이르렀을 때, 주막의 가정부가 소리를 죽이고 들어왔다. 마부와 몰래 만나기로 약속이 되어 있었던 것이다.

그런데 돈키호테는 자신의 상상대로 성주의 딸이 찾아온 것이라 여겼다. 그래서 그녀를 잡아채 꼭 껴안았다.

"공주님의 마음은 알겠습니다. 하지만 저는 그 마음을 받아들일 수 없답니다. 저의 영원한 동반자 둘시네아 델 토보소 아가씨가 있기 때문입니다."

가정부는 돈키호테가 뭐라고 중얼거리는지 생각할 겨를이 없었다. 그의 품에서 빠져 나오는 것이 급선무였기 때문이었다.

급선무 : 무엇보다도 먼저 서둘러야 할 일

마부는 돈키호테가 자신의 여자를 껴안는 모습을 보고는 화가 머리끝까지 치밀어 올랐다. 그래서 침대에서 벌떡 일어나 주먹으로 돈키호테의 턱을 날렸다.

돈키호테의 얼굴은 단번에 피투성이가 되었다. 그래도 화가 풀리지 않은 마부가 발길질을 하기 시작했다. 그 바람에 돈키호테가 누워 있던 침대가 무너지고 말았다.

단번에 : 단 한 번에

"어이쿠, 사람 죽네!"

그 소리를 들은 주막 주인이 달려왔다. 주인은 상황을 보자마자 모든 일이 가정부 때문에 시작되었음을 알아차렸다.

"네 이년! 이리 오지 못할까? 이게 무슨 해괴망측한 짓이냐?"

해괴망측하다 : 말할 수 없이 괴상하고 야릇하다

화들짝 놀란 가정부가 몸을 숨겼다. 그런데 하필이면 그곳이 산초 판사의 침대였다. 잠결에 화들짝 놀란 산초는 가위에 눌린 줄로만 알고 마구 주먹질을 해댔다. 가정부는 무지막지한 주먹으로 얻어맞으면서도 들키지 않으려고 꾹 참고 있었다.

화들짝 : 별안간 호들갑스럽게 펄쩍 뛸 듯이 놀라는 모양

마부는 자신의 여자가 주먹세례를 받자, 화가 나서 산초에게 달려들어 맞대응을 하기 시작했다.

"오냐, 거기 숨어 있었구나!"

주막집 주인이 달려들어 가정부를 때렸다. 산초는 가정부를 때리고, 마부는 산초를 때리고, 가정부를 때리려던 주인은 마부를 때리는 황당한 싸움이 한참동안 계속되었다.

게다가 촛불까지 꺼지는 바람에 서로 누가 누군지도 모른 채 닥치는 대로 주먹질을 해대기 시작했다. 순식간에 주막은 아수라장으로 변해 버렸다.

아수라장 : 싸움이나 그 밖의 다른 일로 큰 혼란에 빠진 곳

주막에서 묵고 있던 보안관이 한밤중의 소란에 놀라 뛰어나왔다. 보안관은 사람들을 붙잡으려고 달려들었다. 그런데 가장 먼저 잡힌 사람은 기절한 돈키호테였다. 캄캄한 곳에서 꼼짝도 하지 않는 사람을 만져본 보안관은 직감적으로 살인 사건이 일어난 것이라 생각했다.

보안관 : 미국에서, 각 행정 구역 최소 단위 지역의 안전과 질서를 맡아보는 민선 관리

살인 사건 : 사람을 죽인 사건

"지금 당장 주막 문을 모두 닫아라. 살인사건이 일어났다! 아무도 도망치지 못하게 하라!"

살인이라는 말에 놀란 마부와 가정부, 그리고 주인은 모두 흩어져 버렸다. 다만 돈키호테와 산초만 그곳에 남아있었다. 곧, 돈키호테가 정신을 차렸다. 살인

사건이 아님을 확인한 보안관은 뒤통수를 툭툭 치면서 자신의 방으로 들어가 버렸다.

"페에라브라스의 물약만 있으면 이까짓 상처는 단번에 아물어 버릴 텐데 아쉬운 일이구나."

"그게 무슨 약인데요?"

"그 약이란 말이다. 싸우다가 목이 잘라지더라도 그 물약 한 모금만 마시게 하면 다시 살아나는 신통력을 갖고 있지. 집에서 만들어 온다는 걸 깜빡 잊었구나. 그런데 걱정할 건 없어. 내 머릿속에 그 약 만드는 법이 자세하게 들어 있으니까!"

신통력 : 무슨 일이든지 해낼 수 있는 영묘하고 불가사의한 힘이나 능력

"그럼 왜 여태껏 참고 계셨습니까? 진작 만들어 상처를 치료했으면 아프지 않았잖아요!"

산초는 돈키호테가 시키는 대로 주막집 주인에게 가서 만년초와 포도주, 그리고 소금을 얻어 왔다. 돈키호테는 산초가 얻어 온 것들을 한데 넣고는 오랫동안 끓였다. 드디어 약이 완성되자, 돈키호테는 그 약을 통째로 들어 꿀꺽꿀꺽 삼켰다.

잠시 후, 약기운을 받아들인 돈키호테의 창자는 그 속에 담고 있던 모든 것들을 앞뒤로 밀어내기 시작했다. 돈키호테는 끝없는 구역질과 설사에 식은땀을 한없이 흘렸다.

구역질 : 속이 메스꺼워 자꾸 토하려고 하는 짓

"잠시만 혼자 쉬게 해 주시오!"

사람들이 나가고 한나절 가량 숙면을 취한 돈키호테의 몸은 몰라보게 회복되어 있었다.

숙면 : 잠이 깊이 듦

"역시 피에라브라스의 효과는 대단해! 이제 어떤 전투에 나가 싸우더라도 걱정할 필요가 없겠어."

산초 판사는 중상을 입었던 돈키호테가 한나절 만에 회복된 것을 보고는 자신에게도 달라고 졸라댔다. 돈키호테가 고개를 끄덕이자 산초는 냄비에 남아 있는 물약을 단숨에 마셔 버렸다.

그러자 머리가 빙빙 돌면서 식은땀이 쏟아지기 시작했다. 속이 뒤틀렸다가 꼬이면서 정신을 차릴 수가 없었다.

산초가 고래고래 고함을 지르자, 돈키호테가 이렇게 말했다.

"너에게 효과가 나타나지 않는 것은 정식 기사가 아니기 때문이지. 피에라브라스는 기사들만이 먹을 수 있는 약으로, 그 이외의 사람에게는 아무런 효과도 나타나지 않는단다."

"이런 망할 놈의……! 그렇다면 내가 마시기 전에 얘기를 해 주셨어야지요. 아이고, 산초 판사 죽네!"

그 후로도 몇 번을 더 토한 산초는 정신을 잃는 등 법석을 떨었다. 하지만 몸이 가뿐해진 돈키호테는 한시라도 빨리 모험을 떠나고 싶어 안달이었다.

안달: 속을 태우며 조급하게 구는 일
모험: 위험을 무릅쓰고 어떠한 일을 함

산초를 부축해 억지로 당나귀에 태운 돈키호테는 로시난테의 등에 올라 떠날 채비를 마쳤다. 그리고 길을 나서기 직전, 성주를 찾아가 감사의 인사를 드렸다.

"성주님께서 저희들에게 베풀어 주신 은혜를 어떤 방법으로 갚아야 할지 모르겠습니다. 혹시 무례한 자가 나타나 성주님을 괴롭히려 하거든 제 이름을 대십시오. 대개는 기절초풍을 하며 달아날 것입니다."

기절초풍: 기절하거나 까무러칠 정도로 몹시 놀라 질겁을 함

"기사님, 그런 걱정은 하지 마십시오. 다만 어제 밤과 오늘 아침 식사와 숙박비만 계산하시면 됩니다."

"뭐라고요? 그렇다면 이곳이 주막이란 말입니까?"

"당연한 말씀이지요."

"오, 이런! 하지만 나는 숙박비를 낼 수가 없소. 고달픈 여행을 하면서 정의를 구현하는 기사가 그 정도 대접을 받는 것은 당연한 일이기 때문이오!"

숙박비: 여관이나 호텔 따위에서 잠을 자고 머무르는 데에 드는 비용

돈키호테는 말을 마치자마자 로시난테를 몰아 주막을 떠나고 말았다. 그동안 돈을 내고 여관에 묵었던 기사에 대해 읽은 적이 한 번도 없었기 때문이었다.

하지만 늑장을 부리다 주막집에 잡힌 산초 판사는 또 한 차례 몰매를 맞았다. 양쪽 갈비뼈가 하나씩 부러지고, 콧잔등이 주저앉아 숨을 쉴 수가 없었다.

몰매: 여러 사람이 한꺼번에 덤비어 때리는 매

"이 망할 놈의 돈키호테……! 아니, 망할 놈의 로시난테!"

산초 판사는 어금니를 깨물며 혼잣말을 중얼거렸다.

하지만 그대로 있을 수만은 없는 일이었다. 산초 판사는 녹초가 된 몸을 이끌고 돈키호테의 뒤를 쫓기 시작했다. 언젠가는 주인 돈키호테가 큰 공을 세워, 큼지막한 섬 하나를 떼어 줄 것이라 믿고 있었기 때문이었다.

13. 돈키호테

1 기사들의 이야기를 즐겨 읽던 돈키호테가 제정신을 잃고 머리가 이상해진 까닭은 무엇인가요?

2 돈키호테가 황당한 일을 일으킨 사건은 어떤 것들이 있는지 써 보세요.

3 산초 판사가 돈키호테를 욕하면서도 끝까지 따라간 이유는 무엇인가요?

1 '돈키호테에게 황당한 일을 겪은 주막집 주인'

성주에게 인사를 마친 그는 로시난테에 박차를 가해 앞으로 달려 나갔다. 주막집 주인은 어서 빨리 돈키호테를 내보내기 위해 숙박료를 달라는 말도 하지 않았다.

😊 주막집 주인이 되어 떠나가는 돈키호테에게 어떤 말을 했을지 써 보세요.

2 '돈키호테에게 부탁하는 귀부인'

황당하기로는 마차에 탄 귀부인도 마찬가지였다. 돈키호테는 귀부인의 시종과 한바탕 싸움을 벌였다. 하지만 귀부인이 나서서 제발 불쌍한 시종을 용서해 달라고 부탁한 뒤에야 점잖게 물러섰다.

😊 귀부인이 되어 돈키호테에게 부탁하는 말을 써 보세요.

1 돈키호테는 중세의 기사들에 대한 무용담을 많이 읽다 보니, 마치 기사라도 된 양 환상과 현실이 뒤죽박죽이 되어 기상천외한 사건을 많이 일으키네요. 나는 어떤 종류의 책들을 즐겨 읽는지 이유를 들어 적어 보고 친구들 앞에서 발표해 보세요.

2 산초 판사는 갖은 고생을 하면서도 섬을 줄 것이라는 믿음 때문에 돈키호테를 계속 따라 다녔습니다. 돈키호테와 산초 판사가 앞으로 겪게 될 엉뚱하고 재미있는 이야기를 상상하여 써 보세요.

글숲 여행을 마치며

❷ 멋진 기사가 되고 싶은 돈키호테의 마음을 생각하며 돈키호테에게 편지를 써 보세요.

유관순

 내가 존경하는 인물은 누구이며 그 인물이 살았던 시대는 어떠하였는지 적어 봅시다.

존경하는 인물	
그 인물이 살았던 시대 상황	

 일본이 우리나라에 쳐들어와 우리나라를 지배할 때 우리 민족이 일으켰던 3·1 운동에 대하여 아는 대로 적어 봅시다.

일어난 때	
참여한 사람	
일어난 이유	
일어난 결과	

구연동화를 QR로 확인하세요.

유관순의 삶과 유관순이 살았던 시대적 상황의 관계를 생각하며 유관순의 전기문을 읽어 봅시다.

유관순

깜찍한 여자아이

충남 천안시 병천면 용두리에 하얀 눈이 소복소복 쌓인 어느 겨울날이었다. 어린 소녀 유관순은 오빠 우석을 따라 마을 아이들과 함께 연날리기를 하고 있었다.

그런데 오빠 우석의 연은 자꾸 땅으로 곤두박질치기만 하고 솟아오르지 못했다. 그럴수록 우석은 열심히 얼레를 감았다 풀었다 반복하면서 연을 띄우려고 노력했다. 그래도 연은 좀처럼 떠오르지 않았다.

곤두박질: 몸이 뒤집혀 갑자기 거꾸로 내리박히는 일
얼레: 연줄, 낚시줄 따위를 감는데 쓰는 기구

그러자 함께 연날리기를 하던 아이들이 우석을 놀려 댔다.

"그걸 연이라고 날리고 있니?"

이런 말을 들은 우석은 화가 났으나 마음을 달래며 계속 얼레를 당기고 있었다. 이때 옆에서 구경하던 관순이가 보다 못해 끼어들었다.

"우리 오빠 연이 어때서 그래?"

"어떻다는 게 아니라 잘 떠오르지 않으니까 그러는 거지 뭐."

"오빠 연이 비실비실해 보이는 것 같아도 떠오르기만 하면 다른 것보다 훨씬 잘 날 수 있어. 나랑 연싸움 한번 해볼래?"

비실비실: 흐느적흐느적 힘없이 자꾸 비틀거리는 모양

관순은 당당하게 말했다. 우석은 내심 걱정했으나 관순의 용기를 믿어보기로 했다.

관순은 입을 꽉 다문 채 오빠에게서 얼레를 받아 한 손으로 실을 몇 번 잡아 당겼다. 그러자 그때까지 꼼짝도 않던 연이 힘차게 떠올랐다.

떠오른 연이 다른 아이들의 연과 엉키자, 관순은 얼레를 돌려 실을 자꾸 풀었다. 어느덧 관순이 날리던 연이 다른 아이들의 연을 제치고 가장 높게 날았다. 그리고 얼마 후에는 관순의 연줄에 실이 끊긴 다른 아이들의 연이 바람을 타고 하늘 높이 날아가 버렸다.

"야아, 관순이가 이겼다!"

우석은 동생의 승리에 손뼉을 치며 좋아했다. 다른 아이들도 관순에게 박수를 쳐 주었다.

"거봐, 이젠 우리 오빠 연에 대해 할 말 없지?"

관순은 그때까지 비웃던 마을 아이들에게 말 한마디를 남기고 오빠와 같이 집으로 향했다.

비웃다 : 어떤 사람, 또는 그의 행동을 터무니없거나 어처구니없다고 여겨 얕잡거나 업신여기다.

그 당시 우리나라의 앞날은 매우 어둡고 혼란스러웠다. 외국 선진 문물을 먼저 받아들인 탓에 우리보다 일찍 개화한 일본은 1876년 강화도 조약을 강제로 체결한 후 조금씩 자신들의 세력을 우리나라에 뻗쳤다. 청나라와 러시아를 차례로 물리치고 우리나라에서 독점적 위치를 차지한 일본은 1905년 을사조약을 체결하여 우리나라의 외교권을 빼앗았다.

을사조약 : 1905년 일본이 한국의 외교권을 빼앗기 위하여 강제적으로 맺은 조약

마침내 일본은 1910년 우리나라의 국권을 강탈하여 우리 강토를 손아귀에 넣고 총칼을 앞세워 무단 정치를 실시했다. 관순의 아버지는 왜놈들에게 속절없이 나라를 빼앗기고 일본인들에게 수모를 당하는 것은 우리 민족의 무지에 있다고 생각하여 민족교육에 뜻을 두고 흥호학교를 세웠다.

강탈 : 남의 물건이나 권리를 강제로 빼앗음
국권 : 국가가 행사하는 권력

설레는 경성 유학

그 당시 우리나라에는 그들의 종교를 전도하기 위해 건너온 미국인 선교사들이 있었다. 어느 날 여 선교사는 총명한 관순을 이화학당에 보낼 것을 부모님께 권유하였고 관순은 설레는 마음으로 경성으로 유학을 떠나게 되었다. 열네 살의 관순은 부모님께 하직 인사를 드리고 사부인을 따라 경성역에 도착하였다. 이때가 1915년이었다.

관순은 생전 처음 타보는 인력거에 올라 말로만 듣던 경성 거리를 살펴보았다. 바삐 오가는 사람들과 땡땡 종을 치며 달리는 전차, 소문으로만 들었던 숭례문을 휘둥그런 눈으로 지켜보는 가운데 인력거는 목적지인 이화학당에 당도했다.

전차 : 공중에 설치한 전선으로부터 전력을 공급받아 지상에 설치한 궤도 위를 다니는 차

이화학당은 1886년 미국인 선교사 스크랜턴이 설립한 사립 여자교육기관이었다. 처음에는 단 한 명의 학생으로 교육을 시작한 이화학당은 그 후 학생들이 늘어 여성 전문 교육 기관으로 자리 잡아 갔다. 이화학당은 보통과를 비롯하여 고등과, 대학과가 설치되어 있었으며 수많은 여성 인재를 배출해 냈다.

　관순은 두근거리는 가슴을 진정시키며 사부인을 따라 건물 안으로 들어가서 프라하 교장선생님을 만나고 사촌 언니 유예도를 만났다. 언니는 관순이에게 기숙사와 같은 방을 쓰게 될 친구들을 소개해 주었고 강당 등 건물을 안내하였다.

기숙사 : 학교나 회사 따위에 딸려있어 학생이나 사원에게 싼값으로 숙식을 제공하는 시설

　관순은 보통과 2학년에 편입하였는데 천성이 명랑하고 쾌활한 탓에 곧 이화학당에서 모르는 사람이 없었고 줄넘기와 달리기는 물론 남이 하기 싫어하는 귀찮은 일도 자기 일처럼 신나게 했다. 관순은 기숙사에서 모범생이 되었으며 공부도 열심히 했다.

　어느 새 여름방학이 되어 관순은 여러 친구들과 작별하고 예도 언니와 함께 고향인 천안에 내려왔다.

고종황제의 죽음

　고향으로 달려온 관순은 아버지가 운영하던 흥호학교가 재정난으로 문을 닫게 되었다는 말을 들었다. 관순은 오빠와 상의하여 학교가 없어진 이후로 서당에 다니는 아이들을 모아 신학문을 가르치는 강습소를 열기로 하였는데 삼촌은 이들에게 교회를 공부 장소로 내주었다.

재정난 : 재정이 부족하여 생기는 어려움

신학문 : 서양에서 들어온 새 학문을 재래의 한학에 상대하여 이르는 말

　날이 갈수록 마을 아이들은 성황을 이루어 그 넓던 교회가 가득 찼다. 관순은 오빠 우석과 함께 피곤도 잊은 채 매일같이 한글과 산수 등을 가르쳤다. 그뿐만 아니라 난생 처음 들어 보는 나라 이야기며 신기한 자연에 대해서도 열심히 가르쳤다.

　한 달 남짓한 여름방학 동안 시간 가는 줄도 모르고 노력한 끝에 용두리 마을에 살고 있는 거의 모든 아이들이 한글을 익혔으며 셈도 곧잘 했다.

　경성으로 돌아온 관순은 다시 학교 생활에 모범을 보이며 즐거운 마음으로 열심히 공부했고 틈나는 대로 책도 열심히 읽었다. 특히 『잔다르크』라는 책은 관순

의 마음을 사로잡았다. 용두리 마을에서부터 읽어온 성경이 신앙심으로 뭉치게
했다면 이 책은 관순에게 조국에 대한 사랑과 사명감을 일깨워 주었던 것이다.

<small>성경 : 종교상 최고 법전이 되는 책. 기독교의 성경, 불교의 팔만대장경, 유교의 사서오경, 이슬람교의 코란 등이 있다</small>
<small>사명감 : 주어진 임무를 잘 수행하려는 마음가짐</small>

'나도 잔다르크처럼 나라를 구하는 데 앞장서야지.'

이러한 날들이 반복되는 동안 어느덧 세월이 지나 고등과 2학년으로 진급하게 되는 1919년이었다. 나라의 운명은 단 하루도 앞을 점칠 수 없을 정도로 바람 앞의 등불과도 같았다.

<small>바람 앞의 등불 : 언제 꺼질지 모르는 바람 앞의 등불이란 뜻으로 매우 위태로운 처지에 놓여있음을 비유한 말</small>

갑자기 고종황제의 죽음이 발표되었다. 뇌졸중으로 돌아가셨다는 것이었다. 그러나 왜놈들에 대한 불신이 쌓여 갈수록 고종이 일본인들에게 독살되었다는 소문이 무성해졌다.

<small>뇌졸중 : 뇌에 혈액 공급이 제대로 되지 않아 손발의 마비, 언어 장애, 호흡 곤란 따위를 일으키는 증상</small>
<small>독살 : 독약을 먹이거나 독을 써서 사람을 죽임</small>

'어떻게든 원수를 갚아야 한다!'

고종황제의 급서로 온 나라가 술렁거리기 전해인 1918년, 미국의 윌슨 대통령은 민족 자결주의를 주창했다. 이는 '세계 각국의 독립은 그 나라 국민들이 책임져야 한다.'는 것으로 많은 애국자들에게 영향을 끼쳤다.

이렇게 독립의 기운이 높아지고 있을 때 고종의 급서로 말미암아 일본 도쿄에서는 우리나라 유학생들이 중심이 되어 2·8 독립선언서가 발표되었고 이런 소식은 국내에서도 전해져 독립운동의 횃불을 들게 했다. 손병희를 비롯한 민족 대표들은 비밀리에 모임을 갖고 우리 민족의 독립 열망을 세계 만방에 알리기 위해 만세 운동을 계획했다.

이화학당의 관순은 여섯 명의 친구들과 함께 소녀 결사대를 조직하고 독립만세운동에 동참하기 위하여 용돈을 모두 털어 옥양목을 사다가 몰래 태극기를 만들었다.

이윽고 3월 1일 정오가 되자 사람들은 거리로 뛰쳐나와 만세를 불렀다. 억눌렸던 가슴으로 만세를 부르는 동안 한쪽에서는 수많은 사람들이 일제의 헌병에 의해 하나둘씩 쓰러지기 시작했다. 하지만 사람들은 조금도 두려워하지 않았고 그러면 그럴수록 더 큰 소리로 만세를 불렀다. 해가 저물도록 만세 소리가 그칠 줄 모르던 거리에는 선혈이 낭자했으며 무수히 많은 사람들이 다치거나 죽어 갔다.

총소리의 소란스러움이 가라앉은 후에야 몰래 집에서 빠져나온 그들은 뒷길로 해서 이화 학당으로 돌아올 수 있었다. 며칠이 지나자 총독부는 임시 휴교령을

<small>휴교령 : 학교에 대하여 건물 관리 따위의 단순한 관리 업무를 제외한 모든 기능을 정지시키는 명령</small>

내려 모두 고향으로 내려가라고 학생에게 지시했다.

'아무렴, 고향에 내려가서라도 우리의 뜻을 펼쳐야지!'

그날 오후 관순은 예도와 함께 고향으로 가는 기차에 올랐다.

고향에 내려와

고향 천안은 조용했다. 관순이 아버지에게 마을 사정을 물으니 왜놈들이 미리 알고 준비하던 사람들을 다 잡아갔다고 하셨다. 나라가 이 지경인데 관순네 마을만 독립 운동에서 빠졌다고 생각하니 관순은 실망스러웠다. 이튿날 새벽, 관순은 매봉에 혼자 올라 고향 마을에서도 꼭 만세 운동을 벌여야겠다고 다짐을 하면서 산에서 내려왔다.

관순은 용두리 마을의 지도자인 유병기 선생을 찾아서 자신의 결심을 털어놓았다. 그러나 어른들도 때를 기다리고 있으니 어린 소녀들은 지켜보고만 있으라고 하여 매우 실망이 컸다.

그 집에서 나온 관순은 아버지와 만세 운동에 관한 일을 의논하여 마을 사람들을 교회에 모이게 한 뒤 경성에서 있었던 만세 운동을 자세히 설명하였다. 관순의 말에 어른들은 모두 고개를 끄덕이며 모두 참여하기로 결심했다. 이렇게 하여 용두리를 중심으로 여러 마을에서 음력 3월 1일을 기해 독립 만세를 부르기로 결정했다.

경성 : '서울'의 옛 이름으로 1910년에 일본이 침략하면서 한성을 경성으로 고침

결정이 공식화되자 관순과 예도는 다음 날부터 열심히 거사를 알리러 돌아다녔다. 일부러 장 보는 옷차림으로 꾸민 그들은 누구의 의심도 받지 않았다. 예도는 멀리까지 걸어 다니는 일이 빈번해지자 그만 병이 나고 말았다. 관순도 발이 퉁퉁 부었으나 모든 마을에 연락하는 일을 그만둘 수는 없었다.

거사 : 매우 거창한 일

관순이 만난 마을 어른들은 한결같이 그녀를 격려해 주며 거사의 동참을 다시금 다짐했다. 관순은 쉬지 않고 이웃 마을을 돌아다닌 결과 천안을 중심으로 하여 진천, 청주, 조치원, 연기, 온양 등의 마을에 거사를 알리게 되었고 이제 계획한 대로 거사를 치르는 일만 남게 되었다.

한결같이 : 처음부터 끝까지 변함없이 꼭 같이

아우내 장터의 외침
아우내 장터 : 충남 천안시 병천면에 있는 장터. 유관순 열사가 태어난 곳으로 3·1운동으로 유명하다

드디어 음력 3월 1일의 아침이 밝아왔다. 그날은 마침 아우내 장이 열리는 날이어서 이른 아침부터 장꾼들이 하나둘씩 장터로 나오기 시작했다. 관순이도 아침 일찍부터 거사에 쓰일 물건들을 잘 챙기고 전쟁터에 나가는 용사처럼 비장한 각오로 집을 나섰다.

관순은 길목에 서서 장터로 모여드는 사람에게 일일이 눈인사를 하며 태극기를 나누어 주었다. 태극기를 받아든 사람들은 얼른 그것을 가슴속에 숨기고 사람들이 모여 있는 곳으로 걸어갔다. 미리 약속을 했던 마을 사람들이 모두 다 모이고 있었다. 그야말로 온 마을 사람들이 하나가 된 것 같았다.

길목 : 큰길에서 좁은 길로 들어가는 어귀
눈인사 : 눈짓으로 나누는 인사

한편 일본 순사는 장터로 몰려든 많은 사람들을 보며 고개를 갸우뚱했으나 곧 대수롭지 않게 여기고 그냥 돌아갔다.

정오가 가까워지자 장터는 사람들로 꽉 메워졌다. 시계가 정오를 알리자 갑자기 관순이 장터 한가운데 쌓아 둔 쌀가마니를 딛고 올라섰다. 유관순은 품 속에 있던 태극기를 높이 추켜들었다. 그러자 장터에 모인 사람들도 저마다 가슴 속에서 태극기를 꺼내 들었다. 관순은 목청을 돋우며 힘껏 외쳤다.

정오 : 낮 열두시

"대한 독립 만세!"
"대한 독립 만세!"

사람들도 일제히 만세를 외쳐 댔다. 아우내 장터는 이내 만세 열기로 가득 찼다. 사람들은 저마다 태극기를 흔들고 독립 만세를 외치며 장터를 돌았다. 그리고 커다란 청년이 양옆으로 호위하는 가운데 맨 앞에 선 관순은 주재소로 힘차게 전진했다.

주재소 : 파견되어 머무르는 곳. 일제 강점기에 순사가 머무르면서 사무를 맡아보던 경찰의 말단 기관

갑작스런 함성에 일본 순사들은 놀라 허둥대며 주재소 안으로 쫓겨 들어갔다. 그들은 천안의 일본 헌병대에 급히 연락하여 진압 헌병들을 보내 달라고 했다. 사람들은 주재소 밖에서 만세와 함께 비폭력 시위를 했다. 그러나 주재소 안 일본 순사들은 총검으로 무장하고 나와 닥치는 대로 사람을 해쳤다.

헌병 : 군사경찰의 구실을 하는 병과

만세 소리 가득하던 아우내 장터는 금세 아수라장으로 변해 사람들은 이리저리 총탄을 피해 달아나고 있었다. 도망치는 사람의 뒤에서까지 총을 쏘아대던 일본 헌병들의 잔악한 행위로 사람들이 쓰러졌다. 이때 관순의 아버지와 어머니도 그만 총에 맞아 쓰러졌다.

잔악한 : 잔인하고 악한

집으로 돌아오던 관순은 일본 헌병대에게 붙잡혀 주재소로 끌려가 모진 고문을 당했다. 그러나 이에 굴하지 않고 관순은 손가락을 깨물어 흐르는 피로 종잇조각에 태극기를 그려 높이 쳐들고 '대한 독립 만세!'를 힘껏 외쳤다. 헌병 대장은 관순을 구둣발로 마구 차고 때렸다. 하지만 잔인한 폭력에도 굴하지 않고 계

속해서 만세를 불렀다.

　만세 운동이 있고 난 뒤 용두리는 온통 쑥대밭이 되었다. 젊은이들은 모두 잡혀갔으며 노인들과 아이들은 하루하루를 조심스럽게 살아가야 했다.

쑥대밭 : 매우 어지럽거나 못 쓰게 된 모양을 비유적으로 이르는 말

　관순은 만세를 부르지 않겠다고 약속을 하면 죄를 가볍게 해주겠다는 재판관의 말에도 아랑곳하지 않고 오히려 '남의 나라를 빼앗은 도둑놈들이다.'라고 말하여 또다시 감옥에 갇혀 모진 고문을 당하였다.

아랑곳하지 않고 : 관심을 두지 않고

　다음해 3월 1일 정오가 되자 관순의 외침으로 감옥의 모든 방에서는 만세 소리가 터져 나왔다. 그날 관순은 도저히 일어날 수 없을 만큼 매를 맞고 더 이상 돌이킬 수 없는 중병을 얻어 몸져눕게 되었다. 병든 죄수들만 있는 곳으로 옮겨진 관순의 모습은 간수들조차 눈길을 줄 수 없을 정도로 야위었고 눈은 움푹 들어갔다.

간수 : 교도관의 전 이름. 교도소에서 수용자의 교정과 수용 전반의 업무를 담당하는 공무원

　그해 9월 28일, 관순은 열아홉 살 꽃다운 나이로 세상을 뜨고 말았다. 그렇게도 바라던 조국의 독립을 보지도 못한 채 열아홉이라는 짧은 생애를 묻어야 했던 유관순!

　순국 소녀 유관순의 빛나는 정신을 온 겨레의 힘이자 자랑으로 오래오래 남아 있을 것이다.

① 유관순이 태어난 시대적 배경은 어떠합니까?

② 유관순의 아버지는 빼앗긴 나라를 찾기 위하여 무엇이 중요하다고 생각하였습니까?

③ 일제 강점기에 우리나라 사람들은 어떤 생활을 하였는지 윗글에서 찾아 적어 보세요.

④ 독립만세를 부르는 우리나라 사람들에게 일본 헌병들은 어떻게 행동하였습니까?

⑤ 유관순이 이화학당에 다닐 때 방학 동안에 고향에 내려와 한 일은 무엇입니까?

1. '만세운동에 참여하기를 부탁하는 유관순'

> 고향으로 돌아온 유관순은 만세운동을 벌이기 위해 치밀한 계획을 세워 추진하였습니다.

😊 유관순이 되어 마을 사람들을 일일이 찾아다니며 일본의 속셈을 알리고 만세운동에 참여할 것을 부탁하는 말을 써 보세요.

2. '일본 헌병대에게 붙잡혀 고문당하는 유관순'

> 유관순은 만세운동을 벌이다가 일본 헌병대에게 붙잡혀 와서 모진 고문을 당했어요.

😊 유관순이 되어 고문을 하는 일본 헌병들에게 하고 싶은 이야기를 해 보세요.

1 일본 헌병들은 아무런 무기도 들지 않고 오직 태극기 하나만을 들고 만세를 부르는 우리나라 사람에게 총을 쏘고 칼로 마구 찔렀어요. 이에 대해 어떤 생각이 드는지 적어 보세요.

2 만일 유관순이 일제 강점기에 태어나지 않았더라면 유관순의 삶은 어떻게 되었을지 적어 보세요.

3 일본은 우리나라에서 35년 동안이나 머무르며 우리를 지배하며 괴롭혔습니다. 지금도 독도를 자기네 땅이라고 우기며 빼앗아 갈 궁리를 하는 일본에 대해 어떤 생각이 드는지 적어 보세요.

글숲 여행을 마치며

유관순은 우리나라의 독립을 찾고자 만세를 부르다가 꽃다운 나이에 세상을 떠나고 말았네요. 이렇게 나라를 잘 지켜서 물려주려고 목숨을 아끼지 않았던 조상님들이 계셨기에 지금 우리는 우리나라 땅에서 행복하게 살 수 있는 것이지요. 하늘에 계신 유관순 누나에게 지금 우리나라가 얼마나 잘 살고 있는지 알리는 글을 써 봅시다.

손에 잡히는

독서·토론·논술

해답 및 풀이

5 학년

1 배우가 된 수아

 글숲 엿보기   본문 8쪽

1.

연번	이름	남과 다른 점
1	정예천	종이로 만들기를 매우 잘한다. 무엇이든지 매우 빨리 만들면서 기발한 생각을 넣어 특이하고 예쁘게 만든다.
2	김희수	남들 앞에서 이야기를 매우 잘한다. 공부시간에 언제나 손을 들고 자기 의견을 발표한다. 이야기 내용이 매우 특별하고 재미있다.
3	이영미	남들과 협동해서 하는 일은 잘 못하지만 혼자서 하는 일은 매우 잘한다. 글씨도 예쁘게 잘 쓰고 그림도 잘 그리고 공부도 잘한다.
4	황호찬	책읽기는 싫어하나 수학은 매우 잘한다. 춤추기도 좋아하고 약속도 잘 지키고 어떤 일에 앞장서서 일한다.
5	김은영	남의 그림을 그대로 본떠 그리기를 매우 잘한다. 특히 교과서에 나온 삽화를 그대로 복사하듯이 잘 그린다.

2.

연번	이름	따돌림 이유
1	김화림	어렸을 적 전기를 만져서 집게손가락이 잘려나갔기 때문에
2	김금환	몸이 매우 뚱뚱해서
3	채경수	자신이 갖고 싶으면 친구들 것을 빼앗아 가기 때문에

 글숲 여행 되돌아보기   본문 19쪽

1. 서울에 살다가 시골에 있는 은천초등학교로 전학을 왔습니다.
2. 마음대로 행동하기 때문에 서울에 있는 학교에서 쫓겨났습니다.
3. 수아는 영무의 고모 딸이라서 영무와는 고종사촌간입니다.
4. 자기가 하고 싶은 대로 행동하지만 춤을 잘 추고 외우기를 잘합니다.
5. 수아의 재능을 계발해주기 위하여 서울로 다시 전학을 시켰습니다.
6. 사람마다 잘하는 것도 있고 못하는 것도 있는데 그건 사람마다 다 조금씩 다른 점이지 문제점이거나 모자란 점이 아니기 때문에 사람마다 가지는 특징을 존중해주어야 한다는 점을 깨닫게 해준 것이 선물입니다.

 글숲 사람 되어보기   본문 20쪽

1. 엄마, 수아 때문에 힘들어 죽겠어요. 수아는 수업시간에도 마음대로 돌아다니고 조회시간에 조회대에 올라가서 교장선생님 옆에 앉아 있어요. 그러면 아이들이 비웃고 놀려서 제가 얼마나 창피한 줄 아세요?
선생님은 제가 수아 사촌이라고 저한테 모든 책임을 다 맡겨요. 수아가 없어지면 공부시간에도 찾아오라고 하고 준비물을 안 가져오면 제가 안 챙겼다고 야단치고, 제가 학교생활이 얼마나 힘든지 엄마는 아마 상상도 못하실 거예요. 집에서도 수아랑 나랑은 같은 나이인데 수아는 무조건 봐주고 저는 잘못한 게 없어도 수아 때문에 야단맞아야 하고, 너무 힘들어요. 수아가 왜 이곳으로 전학을 왔는지 모르겠어요. 다시 전학을 갔으면 좋겠어요.

2. 스리스리스리 스리슬스렁 톱질하세. 이 바가지 복바가지 스리슬스렁 톱질하세. 금나온다 은나온다. 스리슬스렁 톱질하세. 금나오면 새집 짓고 은나오면 쌀을 사고 스리스리스리 스리슬스렁 톱질하세.

본문 21쪽

1.

구 분	장 점	단 점
남을 고려하지 못하는 수아의 입장을 이해하는 선택	수아가 밝고 건강하게 자랄 수 있고 친구들에게는 남을 이해하는 마음을 길러줄 수 있다.	수아가 자신의 행동 때문에 남들이 불편하다는 것을 알지 못하고 친구들의 공부를 방해한다.
수아의 무질서 때문에 불편해하는 반 전체의 입장 선택	친구들은 수아의 방해를 받지 않아서 공부분위기도 좋고 수아도 남의 입장을 고려해야 한다는 것을 좀 더 일찍 깨달을 수 있다.	수아는 자신의 부족한 면에 열등감을 느끼게 되고 친구들에게 왕따를 당하게 될 수도 있다.

2.

보통 사람과 다른 점	가족들이 가져야 할 바른 태도
가. 지능이 낮아서 공부가 뒤떨어짐	공부를 강요하지 말고 모르는 것을 가르쳐 주며 잘하는 일에 칭찬을 해줌
나. 팔이나 다리 등에 이상이 있어 행동이 불편함	불편한 신체의 능력을 회복하도록 운동을 도와주고 하는 일을 도와줌
다. 정서적으로 안정이 안 되어 늘 불안해함	마음이 안정되도록 따뜻하게 대해주고 불안한 분위기를 만들지 않음
라. 외모가 못생겼다고 사람을 만나기를 꺼려함	못생긴 외모를 당당하게 내세울 수 있도록 칭찬해주고 격려해줌
마. 몸이 허약하여 늘 힘들어 함	운동을 시켜주거나 보약을 지어주고 어려운 일은 도와줌

본문 22쪽

마음대로병을 가진 수아, 마당극 세계무대에 우뚝 서다!

세계 제 12회 마당극 무대에 한국의 수아가 당당히 장원의 자리를 차지했다. 수아는 어렸을 적에 가난한 환경에서 자라 입학하기 전까지 부모의 돌봄을 제대로 받지 못하고 홀로 있는 시간이 많았다. 생업에 바쁜 부모님은 입학을 앞두고서야 수아의 상태를 알게 되었는데 수아는 사람들과 대화가 되지 않고 규칙을 지키지 않는 맘대로병을 앓고 있었다. 수아부모님은 수아가 8살이 되던 해 서울의 한 초등학교에 입학을 시켰다. 그렇지만 수아는 수업시간에도 맘대로 돌아다니고 학교규칙을 지키지 않아 친구들에게 방해를 많이 한다고 학교에서 나가달라는 부탁을 받았다. 수아 부모님은 수아를 시골 은천초등학교로 전학을 시켰다. 그러나 거기에서도 맘대로 행동하여 선생님을 힘들게 하고 친구들이 놀려대지만 수아 어머니의 헌신적인 사랑으로 학교생활을 하던 중 수아가 춤을 잘 춘다는 것을 발견하게 되었다. 수아가 5학년이 되었을 때 수아 어머니는 수아의 재능을 계발시켜주기 위해 서울로 상경하였다. 수아는 훌륭한 선생님을 만나 힘든 훈련을 거듭하였다. 매일 아침 6시에 일어나 산에 가서 목청을 틔우는 연습을 하고 온종일 소리 연습을 하여 목에서 피가 넘어올 때도 있었지만 수아는 한 번도 힘들어 하지 않고 연습에 연습을 거듭하여 대한민국의 명창이 되었다. 이번 세계대회에서 장원을 한 수아는 어려운 조건에서도 누구나 노력을 하면 안 되는 것이 없다는 것을 보여준 모범적인 사례이다. 역경을 딛고 세계에 우뚝 선 한국의 수아! 남과 다른 점으로 고민하는 사람들에게 희망의 등불이 될 것이다.

2. 나무를 심은 사람

본문 23쪽

1. * 아파트 베란다에 화단을 만들고 작은 나무를 심었다.
   * 시골 할머니댁 뒤뜰에 앵두나무를 심은 적이 있다.
2. * 비가 많이 오면 산에 있는 흙이 한꺼번에 밀려 내려올 것이다.
   * 비가 오지 않을 때는 산의 흙먼지가 날아다닐 것이다.
   * 동물들이 산에 한 마리도 살지 않을 것이다.
3. * 어떤 젊은이가 과거에 합격해서 기념으로 감나무를 심었다.
   * 할아버지가 자신의 손자손녀들이 이다음에 앵두를 먹을 수 있도록 마당에 앵두나무를 심었다.
   * 딸아이를 낳자 아버지는 딸아이가 시집갈 때 장롱을 만들어주려고 마당가에 오동나무를 심었다.

본문 31쪽

1. 여행을 하다가 우연히 만나게 되어 알게 되었다.
2. 도토리를 주워서 튼실한 것을 고른 다음 물에 불려서 땅에 심었다.
3. * 황무지가 푸른 숲이 되어 사람들이 모여서 즐겁게 살 수 있는 곳이 되기를 바라는 마음입니다.
   * 다른 사람들이 내가 심은 나무열매를 따 먹고 푸른 숲 속에서 행복하게 살기를 원했을 것이다.

4.

	황무지	낙원
자연의 모습	* 나무 한 그루 없었다. * 햇살이 몸을 태워 버릴 듯이 쨍쨍 내리쬐었다. * 바람이 사납게 몰아쳤다.	* 나무가 자라 숲을 이루었다. * 시냇물도 다시 흐르게 되었다. * 산토끼 같은 짐승들도 다시 찾아왔다. * 채소밭과 목장도 있었다.
사람들의 생활 모습	* 숯을 구워 팔았다. * 가난한 생활이었다. * 원망과 한탄과 싸움을 일삼았다. * 자살하는 사람도 많았다.	* 마당에 꽃밭을 만들었다. * 먹을 것이 풍부하고 부유해졌다. * 서로 돕고 사랑하며 살았다.

본문 32쪽

1. • 여보, 우리는 왜 이렇게 가난하지요? 햇볕은 이렇게 쨍쨍하여 더운데 목욕할 물도 없고 선풍기도 없잖아요. 빨래를 하러 저 아랫마을까지 내려가서 겨우 해오면 흙먼지가 날아서 빨래를 망쳐놓고 말이에요. 먹을 것도 없어 늘 배가 고프고 누가 도와주는 사람도 없으니 정말 살기가 힘드네요.
   • 여보, 매일 숯만 구워서 언제 살림이 넉넉해지지요? 당신이 할 수 있는 일은 그것뿐인가요? 당신도 우리를 데리고 도회지나 살기 좋은 곳으로 이사를 가보세요. 먹을 것이 부족하여 매일 배고프고 날씨는 더워요. 그렇다고 이웃들이 친절하기는 커녕 짜증만 내서 어서 여길 떠나고 싶어요.

2. • 어느 님이 이렇게 아름다운 숲을 주셨을까? 코끝에 이는 바람 향기롭구나.
   마당에 핀 채송화 한 송이 강아지처럼 나를 보고 반겨 웃네.
   채소밭의 채소 한줌 옆집에 주고 뒤뜰에 매달린 감 앞집에 주어야지.
   서로서로 도와주고 아름다운 이곳에서 영원히 영원히 살고 싶어라.

 본문 33쪽

1. • 자기 자신을 위해 노력하는 사람이 더 행복하다. 왜냐하면 나를 영원히 아껴주고 보살펴줄 사람은 자기 자신밖에 없기 때문이다. 좋은 음식을 먹을 때, 좋은 옷을 입고 거울을 볼 때, 좋은 집에서 생활할 때 매우 행복할 것이다.
   • 남을 위해 봉사하는 사람이 더 행복하다. 자신의 몸을 아끼는 사람도 결국 늙고 병들어 슬프게 죽을 수밖에 없지만 남을 위해 베푸는 일은 매우 큰 기쁨을 느낄 수 있다.
   나의 도움으로 배고픈 사람이 좋은 음식을 먹을 수 있고, 추위에 떠는 사람이 따뜻해지며, 좋은 집에서 살며 행복해질 수 있다면 더 큰 행복을 느낄 수 있다.

2.
가. 존경하는 인물	김밥할머니
나. 존경하고 싶은 이유	김밥을 팔아서 평생 모은 이천만 원을 가난한 학생들에게 장학금으로 내놓으셨다. 할머니도 쓰고 싶은 데가 많을 것이고 주고 싶은 자식들도 있을 텐데 어려운 사람들을 먼저 생각하는 자세가 매우 본받을 만하다.

 본문 34쪽

예시

나무에게 지어주고 싶은 이름	나의 친구 감나무
내가 나무에게 해주고 싶은 것	• 물과 거름을 듬뿍 줄 것이다. • 잎과 줄기를 예쁘게 자라도록 잘라주고 닦아줄 것이다. • 그네를 매어주어 친구들의 사랑을 받게 할 것이다.
나무가 나에게 해주기를 원하는 것	• 잎과 줄기가 무럭무럭 자라서 내가 타고 놀 수 있는 놀이터 되어주기 • 맛있는 열매를 많이 열어서 나에게 주기 • 여름에는 시원한 그늘이 되어주기

3. 사라, 버스를 타다

 **글숲 엿보기** — 본문 35쪽

1. · 흑인종 : 아프리카, 미국 남부 · 황인종 : 아시아 · 백인종 : 유럽, 아메리카
2. *미국 남부지방에 아프리카 등에서 백인들에게 사냥당해 온 흑인들이 백인들에게 노예로 혹사당하자 링컨대통령이 이끄는 군대가 남부와 싸워서 노예를 해방시켰다는 이야기 *노예가 혹사에 못이겨 도망가다가 붙잡혀 발가락을 잘린 이야기 *조선시대에 여자들이 남자들에 비해 차별당한 이야기 등
3. *우리집은 오남매인데 가운데 태어난 나는 언니나 오빠, 동생들에 비해 엄마 아빠의 관심과 사랑을 덜 받아서 늘 불만이었다. 언니 오빠는 첫째라서 사랑하였고 동생들은 막내라서 사랑하시는 것 같았다. *난 공부를 잘하는 똑똑한 친구를 무척 좋아하고 가까이 하였다. 왜냐하면 내가 모를 때 친구에게 배울 수 있고, 남들이 친구랑 똑같이 나를 인정하는 것 같았기 때문이다.

 **글숲 여행 되돌아보기** — 본문 42쪽

1. 버스 앞쪽 자리가 얼마나 좋은 곳인지 알아보려고 앞쪽에 앉았습니다.
2. 문을 열고 사라더러 내려서 걸어가라고 하였으나 사라가 내리지 않자 경찰관을 불러왔습니다.
3. 버스에 타면 뒷자리에 앉지 않는다고 백인들이 손가락질을 할 것이고 그러면 사라의 맘이 상할 것이기 때문입니다.
4. 법이 고쳐져서 흑인들도 버스의 아무 곳에나 앉을 수 있게 되었습니다.

 **글숲 사람 되어보기** — 본문 43쪽

1. 하얀 피부를 가진 여러분들은 우리들이 검은 피부라는 이유만으로 오랫동안 사람취급을 하지 않았고 우린 설움을 당하며 살아왔습니다. 여러분들이 우리를 제외시키면 두 가지 면에서 손해가 될 것입니다. 첫째는 남을 무시하려면 먼저 내 마음에 나쁜 마음을 품어야 되니 여러분들의 마음이 먼저 내빠지게 되고 양심의 가책을 느끼니 불편할 것입니다. 둘째, 여러분들은 좋은 이웃이 될 수도 있는 우리를 버림으로써 여러분들은 또한 손해를 볼 것입니다. 제발 이건 좋고 저건 좋지 않다는 여러분들의 생각을 바꾸어서 모두가 행복한 세상을 만들어가길 바랍니다. 이 세상에 있는 모든 색깔들은 다 고유의 아름다운 빛을 가지고 있다는 것을 인정하여 주십시오. 하얀색은 고귀하고 검은색은 천하다는 생각 자체를 바꿔주십시오. 우리도 여러분들처럼 능력도 있고 따뜻한 마음도 있습니다. 여러분들이 우리를 인정하여 준다면 우리는 여러분들의 훌륭한 친구가 될 수 있습니다.

2. 사라라는 소녀는 버스안에서 흑인과 백인을 차별하는 법을 용감하게 지적하고 대항하여 법을 고치도록 만들었습니다. 피부색이 검은 사람들은 오랫동안 차별을 당하며 서럽게 살아왔습니다. 그러나 누구 하나 이런 부당한 대접을 지적하여 말하지 못한 채 지내왔습니다. 벌거숭이 임금님을 보고 아무도 소리내어 지적을 하지 못함으로써 임금님의 행태는 계속되었던 것처럼 흑인들의 차별을 아무도 이야기하지 못함으로써 백인들은 자신들이 무엇을 잘못하고 있는지 깨닫지 못한 채 횡포는 계속되었던 것입니다. 그러나 사라는 어린 나이에도 불구하고 이런 부당함을 용감하게 지적하고 대항함으로써 흑인들에게는 물론 백인들에게도 나쁜 법임을 일깨워주었습니다. 사람들은 사라의 용감한 행동에 찬사를 보내고 있습니다. 사라의 용감한 행동은 사람들에게 본보기가 되어 사회정의 실현에 이바지하게 될 것입니다.

 본문 44쪽

1.
   - 운전기사도 버스 안에서 백인과 흑인을 차별하는 법이 나쁘다는 것을 모르지는 않았을 것이다. 하지만 사라가 앞자리에 타게 되면 백인들이 자신의 차를 타지 않게 되어 손해를 보니 사라의 행동을 막지 않을 수가 없었을 것이다. 운전기사는 회사에 손해를 끼치지 않기 위해 그렇게 할 수밖에 없었을 것이다.
   - 운전기사는 비겁하다고 본다. 아무리 회사의 이익이 중요하다고 해도 어떻게 힘이 센 사람들의 편을 들어 약한 자를 괴롭힐 수 있을까. 운전기사처럼 자신의 이익을 따져 행동하는 사람들이 많게 되면 이 세상은 지옥이 되고 말 것이다. 내가 운전사였다면 아무리 돈을 버는 일이 중요하다고 해도 앞장서서 흑인을 차별하는 일을 하지는 않았을 것이다.

2.
   - 선생님께서 편식을 없애고 골고루 먹도록 지도하셔서 건강한 몸을 가꾸게 하시려는 뜻은 이해할 수 있고 고맙습니다. 하지만 저는 제가 싫어하는 음식을 먹을 때마다 배가 아파서 맛있게 먹은 다른 음식까지도 다 토하거나 싫어하게 되는 경우가 많습니다. 싫어하는 음식을 몸에서 거부하는 이유는 독을 만들어 내서 그런 게 아닐까요? 어떤 음식이든 좋아하는 음식으로 골라서 영양소대로 먹으면 된다고 생각하므로 선생님께서는 좋아하는 음식 위주로 식사를 할 수 있도록 배려해주셨으면 합니다.
   - 우리 몸은 5가지 영양소가 골고루 섭취될 때 건강한 몸을 유지할 수 있다고 합니다. 저는 편식이 심해서 집에서는 제가 좋아하는 음식만 먹습니다. 그런데 학교에서는 골고루 먹도록 선생님께서 강력하게 제재를 가하시기 때문에 싫어하는 음식을 억지로 먹는 경우가 많습니다. 음식도 습관이라고 하니 지금은 제 입맛에 맞지 않더라도 자꾸 먹으면 곧 좋아질거라 여기고, 이다음에 결혼을 하거나 남들과 어울릴 때 편식을 하면 남들을 힘들게 할 수 있기 때문에 편식은 고쳐야 한다고 생각합니다. 따라서 선생님의 급식지도 방식이 옳다고 생각합니다.

 본문 45쪽

예시

사람 아래 사람 없고
사람 위에 사람 없다!
흑인들도 사람이다.
형제처럼 잘 지내자!

서로 사랑하고
포용하는 그림

4 순남이의 행복 가득 편지함

 본문 46쪽

1.

거짓말을 하게 된 상황	반에서 인기가 많은 친구에게 생일 초대를 받았습니다. 생일 초대시간은 학원시간과 겹쳤습니다. 생일선물을 가져가야 했는데 엄마께 학원에 안 간다고 말씀드리기도 어렵고, 선물을 산다고 돈을 달라는 말씀을 드리기도 어려웠습니다. 그래서 학습준비물 산다고 돈을 달라고 하여 선물을 사가지고 학원에 가지 않고 생일잔치에 갔습니다.
거짓말을 하여 생긴 결과	학원에서 내가 오지 않았다고 엄마께 전화를 해서 거짓말을 한 것을 엄마가 아시게 되었고 엄마는 무서운 얼굴로 나를 몹시 꾸중하셨습니다. 나는 깊이 반성하고 다시는 그런 행동을 안 합니다. 한 번 나에게 실망한 엄마는 내가 돈을 달라고 하면 의심어린 눈초리로 쳐다보시고 꼬치꼬치 묻기 때문에 속도 상하고 돈을 타내기가 어렵습니다.

2.

말하고 싶었던 내용	얼굴이 크다고 친구들이 '얼큰이'라고 놀려서 학교에도 오기 싫고 공부를 열심히 하고 싶은 생각도 없었습니다.
이야기를 들어준 사람	6학년 언니
이야기를 들어준 사람의 반응	얼굴이 큰 것은 머리가 크다는 것이고, 머리가 크다는 것은 뇌세포가 잘 발달한 것이니 너는 이다음에 큰 인물이 될 것이다. 라고 말하면서 위로하였습니다.
이야기를 다하고 난 후 나의 느낌	얼굴이 크다는 것은 단점도 있지만 장점도 있고, 이 세상 모든 일이 장단점이 될 수 있다는 것을 느끼면서 마음이 편안해졌습니다.

 본문 57쪽

1. 엄마가 안 계시고 아빠와 동생 순영이랑 가난하게 사는데 고모가 가끔 반찬을 해서 줍니다.
2. 공부도 잘하고 어려운 친구도 생각할 줄 아는 따뜻한 마음을 가져서 친구들에게 인기가 매우 높습니다.
3. 컴퓨터를 배우는 수업시간에 이메일을 보내는 방법을 배우게 되었는데 친구가 없는 순남이는 누구에게 이메일을 보내볼까 궁리하다가 동화책에서 본 작가선생님의 이메일을 생각해 내고는 그분께 메일을 보내게 되었습니다. 선생님이 답장을 해주자 계속 편지를 주고받게 된 것입니다.
4. 처음에는 누가 장난을 친 줄 알고 기분이 나쁘기도 했지만, 다시 편지를 처음부터 읽어보고 순남이가 선생님에게 하고 싶은 이야기가 뭔지 알게 되었습니다. 작가인 선생님이 사실을 잘 알아채지 못하고 학교홈페이지에서 혜민이를 찾은 것을 미안해 하였습니다.
5. 순남이에게 보낸 책이 되돌아오자 학교도서관에 책을 기증하여 순남이가 책을 보도록 하였습니다.

 본문 58쪽

1. 나 자신의 행동에 스스로 화가 나고 마음이 괴로워서 미칠 것 같다.
순남이란 아이는 도대체 어떤 아이인가. 이래도 되는 것인가.
이름이 촌스럽다고 남의 이름을 도둑처럼 빌어다 쓰고 내가 열심히 공부해서 1등을 한 것도 아닌 것을 내가 했다고 하고, 내가 글짓기 대회에서 받은 상도 아닌데 내가 받았다고 거짓말을 해서 선생님에게 뻔뻔스럽게 칭찬받으려 들고……. 이름도 예쁘고 공부도 잘하고 글짓기도 잘하고 싶은 것은 누구나 가지는 욕심이겠지. 하지만 그렇게 되고 싶다고 해도 나처럼 거짓말을 해서 남을 속이려는 사람은 없을 거야. 내가 왜 이러는지 나도 모르겠어.

2. 그러고 보니까 순남이는 자신의 이름이 촌스럽다고 혜민이라는 이름을 몰래 쓰고 자신은 공부를 잘하지도 않으면서 1등 했다고 깜찍하게 자랑을 한 셈이군? 어떻게 어린 아이가 이런 생각을 할 수 있을까? 그렇다면 바쁜 시간을 내어 칭찬해주고 이야기를 들어준 나는 조그만 아이에게 감쪽같이 속임을 당한 것인가. 생각할수록 속이 상하는구나.
아니야. 그렇게만 생각할 일은 아니지. 순남이는 아마도 가난한 집 아이인 것 같고 공부를 잘하는 아이도 아니어서 친구도 없는 것 같아. 친구가 없으니 자신의 이야기를 말할 사람도 없었을 테고. 이름도 예쁘고 공부도 잘하고 인기도 많은 혜민이가 얼마나 부러웠으면 그 아이처럼 행동했을까. 나를 속인 것은 속상하지만 순남이를 이해하려고 한다면 이해 못할 것도 없지 뭐.

 본문 59쪽

1. * 만일 내가 순남이였다면 집안 형편이 어려운 것을 불평하고 힘들어 했을 것이다. 순남이는 거짓말을 하긴 했지만 동생도 잘 돌보고 집안 살림을 잘하는 착한 아이다.
* 순남이가 작가선생님에게 메일을 보낸 것은 매우 용기 있는 일이다. 어린 아이가 자신의 이야기를 들어줄 상대를 찾아 이야기를 한 것도 훌륭한데 어떻게 아는 사람도 아닌 모르는 작가선생님을 선택했는지 대담한 아이다.
* 내가 순남이라고 해도 자신의 부끄러운 면을 다 말하기는 힘들었을 것이다. 순남이는 남의 이야기인 척 하면서 자신을 표현하여 선생님의 생각을 듣고 싶었을 것이다.

2. 선생님, 우리 순남이가 선생님께 거짓말한 것을 이 아비가 대신 사과드립니다. 어린 아이가 아무 걱정 없이 밝게 뛰놀고 공부에만 신경을 쓰게 해주어야 하는데 가정 형편이 어려워서 우리 순남이가 친구들에 비해 불만이 많을 겁니다. 그러나 남의 이름을 몰래 빌려 쓰고 자신이 하지 않은 것을 했다고 선생님께 거짓말을 한 것은 깊이 사과드립니다. 자신도 그런 아이였으면 좋겠다는 생각이 강하다보니 그런 착각이 들었나 봅니다.
우리 순남이에게 그동안 편지를 보내 격려해주시고 이런 사실을 안 다음에도 마음 상하지 않고 올바른 길을 걸을 수 있도록 이해해 주신 점 감사드립니다.

 본문 60쪽

-생략-

5 그런 편견은 버려

 본문 61쪽

1.

인물의 특징	예상되는 성격
학업 성적이 언제나 일등이다.	욕심이 많고 자신의 일을 완벽하게 해내는 데에 온힘을 다 기울여서 다소 이기적일 것 같다.
외모가 뚱뚱하고 못생겼다.	외모에 대한 자신감이 없어서 남 앞에 나서서 말을 잘 못할 것 같고 행동이 둔할 것 같다.
돈이 많은 부자다.	값이 비싼 물건을 잘 살 것 같고 돈이 없는 사람은 무시하는 성격일 것 같다.

2. 청소를 다 같이 협력해서 해야하는데 내가 집으로 간 것은 잘못했다고 생각합니다. 그러나 나는 그날 속옷에 실례를 하여 집으로 뛰어갈 수밖에 없었습니다. 물론 친구들에게 양해를 구하고 갔어야 했으나 창피하여 말할 수가 없었구요.
   누구에게나 사정이 생길 수 있다고 봅니다. 제가 늘 그런 행동을 했다면 나를 불성실하고 이기적인 사람으로 생각해도 좋으나 피치 못할 사정으로 인한 것이니 넓은 마음으로 이해하여 주시기 바랍니다.

 본문 67쪽

1. 이야기 1 : 사람의 생각이나 인격보다는 외모나 조건만 보고 판단
   이야기 2 : 직업에는 귀천이 없다고 하면서 좋은 직업을 강요하는 어머니
   이야기 3 : 반에서 1등만 하여 무엇이든지 다 잘할 것이라고 생각
   이야기 4 : 날씬한 사람만이 잘 달릴 것이라는 생각
2. 자신만의 생각의 틀에서 벗어나야 한다는 것과 내가 가지고 있는 편견이 무엇인지 생각해 보게 함.
3. 관련되는 이야기를 들려주고 아이들이 스스로 생각해 볼 수 있는 시간을 갖도록 하며 편안하고 자연스럽게 수업을 이끌어 감

본문 68쪽

1. 얘들아, 너희들은 내가 또 1등을 할거라고 생각하고 있지? 그래, 너희들이 나를 무조건 믿어주는 것은 고마운 일이지만 한편으론 이게 얼마나 나를 힘들게 하는 줄 아니? 어떻게 모든 것을 1등할 수가 있겠니? 하느님은 모든 재능을 한 사람에게 다 주시지는 않았다는 거 너희들도 알잖니. 너희들의 기대 때문에 난 장애물 뛰어넘기를 하느라고 얼마나 괴로운지 모른단다. 제발 나에 대한 환상을 깨뜨려주길 바란다. 너희들의 나에 대한 기대가 나의 행복을 망치고 있어. 난 달리기에서 1등하는 것만으로도 충분히 행복해. 그밖에는 나도 남들이 잘하는 걸 보고 즐기고 싶어.

2. 사랑하는 뚱뚱 토끼야. 너는 왜 자신을 못난이 취급하니. 뚱뚱한 것하고 달리는 것하고 무슨 관계가 있다고 미리 포기하니. 텔레비전을 봐. 못생긴 사람들이 자신들의 못생긴 점을 자랑스럽게 말하면 오히려 예쁜 사람보다 더 매력 있어 보이잖니. 바로 그런 거야. 내가 나의 단점을 어떻게 생각하느냐에 따라 단점이 될 수도 있고 장점이 될 수도 있어. 자, 일어나 달려보는 거야. 친구들이 뚱뚱하다고 놀리면 너도 친구들처럼 널 놀려보는 거야. 그렇게 되면 친구들이 뚱뚱한 널 매우 친근하게 여길 걸? 제발 너를 괴롭히지 말고 당당해지길 바란다.

 본문 69쪽

1. 내 얼굴을 보고 내 성격이 까칠하다고 느끼는 모양이나 그렇게 생각한다면 난 억울해. 사람들 중에는 얼굴이 통통하고 동글동글해도 까칠한 사람도 있고, 나처럼 말랐지만 마음은 푸근한 사람도 있어. 물론 얼굴이 마른 사람 중에 성격이 까칠한 경우가 많을 거라고는 나도 생각해. 그러나 그렇지 않은 나 같은 사람도 있는데 내가 어떤 사람인지 알아보지도 않고 나를 그렇게 단정해버린다면 내가 얼마나 억울하겠니. 제발 네가 생각되는 대로 미리 판단하지 말고 좀 더 겪어보고 판단해주었으면 좋겠어.
2. 각자 생각대로 찾기

 본문 70쪽

예시) 얼굴이 말랐다고 성격이 까칠할 거란 건 오해야 오해! / 몸집이 뚱뚱해서 생각도 둔할 거란 건 오해야 오해!
공부를 못하니까 노래도 못할 거란 건 오해야 오해! / 넘겨짚어 생각하지마. 보이는 대로 판단하지마.
마음을 열고 가까이 다가가 따뜻한 눈으로 바라봐. 바라봐. / 오예! 에———— 우린 모두 좋은 친구, 좋은 친구야~

6 베니스의 상인

글숲 엿보기
본문 71쪽

1. 가. 4대 비극: 햄릿, 리어왕, 맥베드, 오셀로
   나. 5대 희극: 말괄량이 길들이기, 베니스의 상인, 한여름 밤의 꿈, 헛소동, 십이야

2. 남의 일에 간섭하지 말라고 경고하겠다./ 내가 하는 일이나 나의 입장을 이해시키겠다./ 그에게 감동을 주어서 다시는 그런 일을 하지 않도록 하겠다./ 비방이 기분 나쁘기는 하지만 그럴 만한 이유가 있을 것이므로, 내 행동을 반성하겠다.

3. 내가 좋아하는 친구는 ○○다. 나는 그 친구와 기쁜 일이나 고민이 있을 때 서로 기뻐해주고 위로해주며 공부도 같이하고 취미생활도 같이 할 것이다. 중고등학교는 물론 대학교도 같은 학교로 갈 것이며, 결혼을 한 후에도 계속 연락하면서 평생 서로의 안식처가 되도록 노력할 것이다.

글숲 여행 되돌아보기
본문 86쪽

1. 가 ③ 나 ② 다 ① 라 ④
2. 바사니오는 결혼을 하기 위해 안토니오에게 돈을 빌리려 했고, 안토니오는 전 재산을 무역선에 투자해서 하는 수 없이 샤일록에게 돈을 빌리게 된 것이다.
3. 안토니오의 가슴에서 살 1파운드를 떼어가겠다고 했다. 샤일록은 그동안 자신을 업신여긴 안토니오에게 복수를 할 기회라 생각했기 때문이다.
4. 안토니오의 무역선이 가라앉았다는 소문이 돌았고, 제 날짜에 돈을 갚지 못하게 되었기 때문.
5. 바사니오의 아내 포샤

글숲 사람 되어보기
본문 87쪽

1. 바사니오, 운이 없게도 내 배가 모조리 가라앉아서 나는 파산을 하고 말았네. 내가 자네에게 돈을 빌려준 대가로 이렇게 목숨을 내놓게 되었지만, 난 자네가 원망스럽다고 생각해본 적은 없네. 내가 운이 없었을 뿐이지. 혹시라도 나 때문에 괴로워하진 말게. 샤일록이 나를 죽이려한 건 돈 때문이 아니라 나에게 감정이 있어서라는 걸 자네도 알잖아. 자네는 남들과 두루 잘 지내게. 안녕.

2. 재판관님, 안토니오는 제가 고리대금업을 한다고 업신여기고, 이자를 받는다고 사람들 앞에서 비난을 합니다. 고리대금업은 제 생계수단입니다. 저는 안토니오 때문에 그동안 나쁜 사람이 되었기 때문에 저는 이 기회를 빌어서 안토니오를 혼내주고 싶습니다.

본문 88쪽

1. *찬성 : 친구와의 우정을 위해 기꺼이 목숨까지 내거는 안토니오가 너무 멋지다. 그런 관계라면 바사니오도 안토니오가 어려운 일을 당했을 때 자신의 목숨을 내걸고 도와주려고 했을 것이다. 남에게 베푼 만큼 돌아오는 것이니 안토니오는 마음이 매우 부자인 셈이다.
   *반대 : 안토니오는 자신의 아내와 자녀도 있는 가장일 텐데 친구와의 우정 때문에 목숨을 걸었다. 이는 가장으로서 책임 없는 행동이다. 친구의 목숨을 살리기 위해서도 아니고, 결혼하고 싶은 여자를 만나러 갈 비용을 마련하기 위해 목숨을 내걸다니 가족의 입장에서는 이해할 수 없는 일이다. 그리고 위험한 바다에 나간 배가 꼭 돌아온다고 믿는 안토니오는 너무나 긍정적인 사람이어서 위험부담이 많은 사람이다.

2. 재판관에게 이 반지가 얼마나 소중한 것인지 말한다. 다른 것으로 보답하겠다고 간곡히 설득해 보지만 어떤 일이 있어도 반지를 주지는 않겠다. / 친구의 목숨을 구해준 은인의 부탁이니 일단 반지를 준 다음, 집에 와서 부인에게 어쩔 수 없었던 사정을 이야기하면서 이해해 달라고 양해를 구하겠다.

본문 89쪽

예시 : – 세익스피어 같은 작가가 되겠다. 학창시절엔 공부를 열심히 하고 책을 많이 읽을 것이며 커서는 여행을 많이 하겠다.
– 한비야 같은 해외봉사단원이 되어 어려움에 처한 세계 오지 사람들을 돕겠다. 작은 봉사부터 실천하도록 노력하겠다.
– 김연아처럼 대한민국의 이름을 날리는 피겨스케이트 선수가 되겠다. 훈련을 열심히 하고 체력을 기르겠다.
– 탐험가가 되어 미지의 땅을 개척하여 우리나라 영토를 넓히겠다. 사회공부를 열심히 하고 체력을 기르겠다.

7 원숭이 꽃신

본문 90쪽

주인공	한 일	결과
가. 흥부	부러진 제비 다리를 고쳐주었다.	제비가 가져다 준 박씨를 심었더니 그 속에서 금은보화가 쏟아져 부자가 되었다.
나. 놀부	일부러 제비 다리를 부러뜨렸다.	제비가 가져다 준 박씨를 심었더니 그 속에서 똥물, 도깨비가 나와서 망하게 되었다.

2. 인과관계는 인물의 성격이나 사건이 원인이 되어 그 뒤에 어떠한 사건이 발생한 것을 말합니다.
3. *비슷한 경우에 일어날 사건을 예상할 수 있습니다
   *왜 사건이 일어났는지 알면 문제점을 해결할 수 있습니다.
4. 인물의 성격에 따라 사건이 달라질 수 있습니다.

본문 97쪽

예시

① 잣을 실컷 먹고 낮잠을 자는 원숭이	② 원숭이의 잣을 어떻게 하면 빼앗아 먹을 수 있을까 궁리하는 오소리
③ 꽃신 선물을 들고 원숭이를 찾아와 아부하는 오소리	④ 꽃신을 신고 이리저리 자유롭게 뛰어다니는 원숭이
⑤ 새 신발을 또 가져와 원숭이에게 선물로 주는 오소리	⑥ 발의 굳은 살이 없어지자 신발 없이는 살 수 없는 원숭이
⑦ 꽃신을 점점 비싸게 파는 오소리	⑧ 오소리의 종이되어 후회하는 원숭이

본문 98쪽

1. 원숭이님, 안녕하세요? 전 오소리예요. 제가 오늘은 원숭이님에게 드릴 특별한 선물을 가져왔어요. 이게 신발이라는 것인데 이 신발을 신으면 발이 아프지도 않고 맨발로 뛰어다니시는 것보다 매우 품위가 있답니다. 신발을 신으면 발이 얼마나 예쁘고 편한지 느껴보세요. 물론 돈은 받지 않아요. 이웃 간에 서로 돕고 살아야지 제가 어떻게 돈을 받겠어요. 신발은 얼마든지 만들어 드릴 테니 걱정 말고 어서 신어 보세요.

2. 원숭이 반성문
    아! 내가 어리석었지. 남의 친절을 아무 생각 없이 받아들이다가 오늘 이 지경이 되었구나. 이 세상에 공짜가 어디 있다고, 공짜를 좋아했을까. 오소리 녀석도 나쁜 녀석임에 틀림없지만 그런 녀석에게 속아 넘어간 나는 얼마나 생각이 부족한 녀석인가. 이제 신발이 없으면 발이 아파서 다닐 수도 없고 신발을 신으려면 오소리의 종이 되어 오소리를 업어주고 청소도 해주어야 하니 이를 어쩌면 좋단 말인가. 오소리 녀석 두고 보자. 네가 언제까지 동물 중 으뜸인 이 원숭이를 종처럼 부릴 수 있는지 두고 보자. 낮에는 너의 종이 되어 심부름을 해도 밤이면 잠을 자지 않고 신발을 만들어 낼 거야. 아! 분하다. 어리석은 나 원숭이……

본문 99쪽

1.

가. 남이 나를 칭찬해 줄 때 드는 생각	* 저 사람이 나를 좋아하나 보다. * 저 사람은 마음이 착해서 남을 칭찬하는 구나. * 나는 칭찬받는 훌륭한 사람이야. 난 내가 자랑스러워.
나. 내가 남을 칭찬해 주는 경우	* 자신이 맡은 일을 열심히 하려고 노력할 때 * 공부를 잘해서 시험을 잘 보았을 때 * 남들에게 친절을 베풀 때

2. * 그 사람에게 부탁해서 나에게 달라고 해본다.
   * 내가 가진 물건 중에 그가 좋아하는 물건이 있다면 서로 바꾼다.
   * 달라고 하기는 미안하니까 빌려달라고 한다.

3.

가. 상대방에게 속은 내 자신에 대한 생각	* 남을 함부로 믿다니 내가 바보 같다. * 앞으로는 절대 남을 믿지 말아야겠다.
나. 나를 속인 상대방에 대한 생각	* 남을 속이다니 정말 나쁜 사람이다. * 나를 속여야만 하는 이유가 있었겠지.

본문 100쪽

원숭이에게

　원숭아. 나는 ○○에 살고 있는 ○○란다. 난 너의 이야기를 읽고 얼마나 마음이 아팠는지 모른단다. 오소리는 어떻게 친구 간에 그런 나쁜 맘을 가지고 접근할 수 있는 거니? 그런 친구가 있었다는 것이 참으로 안타깝구나.
　잣이 먹고 싶으면 나눠달라고 할 것이지 그런 수작을 걸어서 너희 마을의 잣을 모조리 가져가다니. 자신들도 배고픈 시절이 있었으면서 어떻게 남의 양식을 다 빼앗아가니? 참으로 나쁜 친구들이구나.
　이제 오소리가 만든 신발을 얻어 신기 위해서는 심부름과 청소를 해주어야 하니 참 힘들겠다. 그렇다고 평생 그렇게 살 수는 없지 않니. 그러니 방법을 생각해 봐. 좀 힘들겠지만 너희들은 머리가 영특하니까 기필코 신발을 만들어보는 거야. 오소리도 만들었는데 너희가 만들지 못할 이유가 없어. 낮에는 그들의 종노릇을 해야 하니 시간이 없을 테고 밤에는 피곤하니 잠을 자야 하겠지만 이 수모를 극복하기 위해서는 저녁 시간에 신발을 만들어 보는 거야.
　다시는 남의 달콤한 말에 속아 넘어가지마. 누구나 칭찬을 좋아하지. 고래도 칭찬엔 춤을 춘다고 하잖아. 그렇지만 조심해야 할 게 있어. 최소한 진심으로 하는 칭찬인지 어떤 속임수가 있는 칭찬인지 구별할 수 있는 눈을 가져야된다는 거야. 이제 신발을 만들게 되면 그런 종노릇을 그만 둘 수 있으니 희망을 가지고 노력해봐. 그리고 평소에 이웃들과 음식도 나눠 먹고 도움도 주어서 너희들에게 복수하는 친구들이 생기지 않도록 노력하렴.

마당을 나온 암탉

본문 101쪽

1. *할머니댁 *양계장 *시골 *병아리 *달걀
   *붉은 벼슬 *에디슨 *알을 품는 장면
   *들과 산으로 다니며 땅을 헤집는 장면

2. *암탉이 왜 마당을 나왔을까?
   *마당을 나와 어디로 갔을까?
   *먹이가 있는 마당을 나오면 어떻게 생활할까?

3. *지금 가진 것에 만족하지 않고 더 나은 생활을 위해 노력하는 모습이 대견스럽다.
   *꿈을 정하고 노력하는 사람은 노력하는 것이 즐거울 것 같고 꿈이 이루어졌을 때 엄청난 기쁨을 맛볼 것 같다.
   *꿈을 이루려고 하는 것도 행복해지려고 그러는 것이겠지만, 지금 즐겁게 사는 것도 중요한데 꿈을 이루기 위해 고생하는 것이 안돼 보인다.

본문 110쪽

1. 알을 품어서 병아리의 탄생을 보는 것입니다.
2. 알이 굴러 내려가도록 앞으로 기울어진 데다 알과 암탉 사이에 철망으로 가로막혔기 때문입니다.
3. 평온함과 기쁨, 생명이 전하는 따뜻함
4. 각자 표현해 보기

본문 111쪽

1. 잎싹아, 나 청둥오리야. 넌 내가 밉지도 않니? 난 너를 배신했는데 어떻게 넌 나를 미워하지도 않고 이렇게 위험한 곳에서 나의 알을 품고 있단 말이니. 차라리 나를 미워해 줘. 나는 너를 버리고 다른 친구를 사귄 나쁜 놈이야. 그리고 여긴 족제비가 우글거리는 곳이야. 어서 안전한 너희 마당으로 돌아가. 이제 달이 떠오르면 배고픈 족제비가 먹이를 찾아 사냥을 나올 거야. 어서 돌아가. 내 알은 내가 지킬 거야. 내가 낳았으니 내가 책임을 져야지.

2. 엄마, 죄송해요. 전 이제 저의 동료들의 고향인 북쪽으로 떠나야 해요. 그동안 저를 이렇게 잘 길러주신 은혜 고맙습니다. 엄마를 이 험한 벌판에 홀로 두고 가는 절 용서하세요. 엄마, 죄송해요. 북쪽하늘로 날아가더라도 엄마를 잊지 않겠어요. 엄마, 부디 위험한 언덕에 서서 제가 떠난 하늘을 바라보다가 족제비에게 잡히지 말고 제발 안전한 곳에 계셔야 해요. 이다음에 반드시 엄마가 계신 이곳으로 다시 올게요. 그때까지 몸 씩씩하고 안전하게 잘 계세요. 엄마가 잘 기른 초록머리 이제 떠나갑니다. 울지 마시고 기다리지 말고 절 잊고 안녕히 계세요.

본문 112쪽

1. * 잎싹은 겉모습보다 마음이 예쁜 것 같다. 왜냐하면 청둥오리에게 배신당한 걸 보니 다른 닭들에 비해 외모가 좀 떨어지는 것 같은데, 자신을 배신한 친구의 자식을 정성껏 돌보는 걸 보니 마음은 태평양처럼 넓은 게 분명하다.

   * 배신자의 자식을 정성으로 돌보다니 잎싹은 자존심도 없나보다. 왜냐하면 청둥오리는 잎싹을 버리고 예쁜 청둥오리와 사귀어서 알을 낳았는데 그 알을 돌보는 일은 자신을 버린 친구를 끝까지 잊지 못하는 비굴한 행동이기 때문이다.

   * 청둥오리가 자신을 배신하여 마음을 아프게 했는데도 불구하고 정성으로 돌보다니 잎싹은 마음이 넓은 것 같다. 왜냐하면 악을 악으로 갚는 것은 누구나 할 수 있지만 악을 선으로 갚는 것은 평범한 사람이 할 수 없기 때문이다.

2. * 초록머리가 엄마를 혼자 두고 자기만 잘살겠다고 떠난 게 잘못이다. 엄마가 자기를 지키며 헌신하였듯이 자신도 자기를 닮지는 않았지만 엄마를 끝까지 지켜야 했다.

   * 잎싹은 처음부터 자신의 알이 아닌 줄 알면서도 품어주었고 태어난 새끼는 자기와는 다른 세계에서 다르게 살아야 하니 괴로워하면 안 된다. 사랑으로 초록머리를 길렀듯이 마음 편하게 보내주어야 한다.

   * 서로가 괴로운 이별을 해야하는 것은 어쩔 수 없는 일이다. 괴롭겠지만 초록머리는 자기들 무리가 사는 나라로 떠나야 하고, 잎싹은 좋았던 추억을 떠올리면 혼자 살아야 한다. 자신이 초록머리를 붙잡으면 불행해지는 걸 알면서도 붙잡는다면 잎싹은 이기적인 엄마가 된다.

본문 113쪽

　잎싹아, 잘 가. 이제 하늘나라에 가거든 지금처럼 슬프게 살지 말고 너의 행복을 위하여 살길 바라. 태어나서 죽는 날까지 고생만 하다가 가는 네가 불쌍하구나. 네가 마당에서 계속 살더라면 위험한 곳에서 가슴 졸이며 슬프게 살지 않아도 되었을 텐데 어쩌다 그런 선택을 하게 되었니.

　그러나 너의 삶은 헛되지 않았어. 너는 초록머리를 훌륭하게 길러서 북쪽 하늘로 날려 보냈고, 배고픈 족제비 새끼의 밥으로 자신의 몸을 내놓을 만큼 사랑과 봉사로 살았으니까. 너는 죽었지만 너의 아름다운 사랑은 길이 기억할 거야.

　나도 이다음에 자라면 의사가 될 거야. 사람들은 의사가 되겠다고 하면 돈을 많이 벌겠구나 생각하지만 난 돈을 많이 벌기 위해 의사가 되려는 것은 아니야. 난 의사가 되면 아프리카로 건너가서 질병으로 고생하며 죽어가는 사람들을 위해 일생을 바칠 거야. 물론 그 곳은 살기도 불편하고 위험하기도 하겠지. 그리고 그 사람들이 나의 사랑을 다 이해해주지 않을지도 몰라. 그러나 난 어떤 대가를 바라고 가려는 건 아니야. 그냥 사람들에게 도움이 되는 일을 하고 싶을 뿐이야.

　잎싹아, 하늘나라에 가서 네가 그렇게도 좋아했던 청둥오리도 만나겠구나. 그 청둥오리는 자기 자식을 곱게 길러준 너를 매우 고마워 할 걸. 좋아하는 친구랑 거기서는 행복하길 바랄게.

9 나의 라임오렌지나무

 글숲 엿보기 — 본문 114쪽

1. 작가는 브라질 사람 지바스콘셀로스이고 주인공은 제제이다.
2. 나는 우리집 애완견 밤이에게 기쁜 일, 슬픈 일 등을 속삭이며 나의 마음을 가라앉힌다.
3. 나는 자주 야단을 맞는데, 그 이유는 별일도 아닌 것 때문에 논쟁이 벌어졌을 때 부모님이나 형에게 지지 않고 말대꾸를 하거나 문을 쾅 닫고 내 방으로 들어가며 화를 내서이다.

글숲 여행 되돌아보기 — 본문 127쪽

1. 제제는 "아빠가 가난뱅이라서 진짜 싫다."라고 말하여 아버지를 슬프게 했다. 제제는 아버지의 슬픈 마음을 조금이나마 풀어드리기 위해 담배를 선물하였다.
2. 처음 매를 맞게 된 이유 : 자신이 만들고 있던 풍선을 누나가 꾸긴 데 화가 나서 욕을 했기 때문
   두 번째 매를 맞게 된 이유 : 노래 내용이 어린 아이가 부르기에는 내용이 부적절해서
3. 뽀르뚜가라고 불렀고, 그는 망가라치바 기차에 치어 죽었다.

 글숲 사람 되어보기 — 본문 128쪽

1. 아빠, 정말 그럴 마음이 아니었어요. 그런 말을 할 생각은 전혀 없었어요. 아빠, 아빠의 마음을 슬프게 해서 정말 죄송해요. 앞으로는 아빠의 말씀도 잘 듣고 말썽도 부리지 않는 착한 아들이 될게요.
2. 뽀르뚜가, 당신은 진심으로 저를 이해해주고 사랑해주시는 단 한 분밖에 없는 분이세요. 저를 당신의 아들로 삼아주신다면 앞으로는 말도 잘 듣고 공부도 열심히 하는 착한 사람이 될게요. 좋은 아들이 돼서 정말 잘해드리고 싶어요. 제발 저를 데려가 주세요.

 글숲 밖 사람 되어보기 — 본문 129쪽

1. 제제가 심한 장난을 친 것은 사실이지만 아버지나 랄라 누나는 이해보다는 무조건 폭력을 써서 다스렸다. 아직은 어린 아이이니 말로 타이르고 가르치면서 많은 사랑으로 보살펴야 한다고 생각한다. 제제 또한 장난을 자제하고 가족들의 말을 잘 따라야 한다.
2. 뽀르뚜가는 제제가 말썽을 많이 피우는 아이라는 사실을 알고도 제제를 이해하고 사랑했다. 제제가 가족들에게 매를 맞고 힘들어 할 때도 따뜻한 위로로 제제의 마음을 달래주었다. 그래서 제제는 사랑과 이해를 베푼 뽀루투가를 실망시키지 않기 위해 착실한 모습을 보여주었다.

글숲 여행을 마치며 — 본문 130쪽

- 다섯 살 밖에 안 된 어린아이가 가난한 집에 태어나 스스로 모든 문제를 해결해가는 것에 마음이 아팠다는 이야기
- 제제가 가족들에게 심한 매를 맞고 몸져누웠을 때 가족들이 원망스러웠다는 이야기
- 뽀르뚜가 아저씨가 돌아가신 후, 너무나 슬퍼하는 제제가 불쌍했다는 이야기
- 나는 제제처럼 가족들에게 매를 맞지는 않지만 가족들이 모두 바빠서 외롭고 쓸쓸하다는 이야기
- 나의 어떤 이야기도 귀 기울여 들어주시는 ○○가 있어 매우 행복하고 고맙다는 이야기
- 나도 뽀르뚜가 아저씨처럼 나중에 커서 어렸을 때 남에게 받은 사랑을 되돌려주고 싶다는 이야기 등

메아리

 글숲 엿보기   본문 131쪽

1. * 야호~ 나는 공부를 잘해서 우리 가족의 기쁨이 되고 싶어.
   * 전학 간 ○○야, 그곳은 어떠니. 난 네가 무척 보고 싶단다. 너도 내가 보고싶지?
   * ○○야, 넌 나를 왜 그렇게 괴롭히니. 남에게 못된 짓 많이 하면 벌 받아.

2. * 논에 나가서 미꾸라지나 우렁이를 잡고 놀겠다.
   * 친구들과 산에 가서 열매도 따고 들에 나가 나물도 캐겠다.
   * 나뭇가지를 꺾어 총싸움을 하고 놀겠다.
   * 엄마아빠 따라 들에 나가서 소꿉놀이하고 혼자 놀겠다.

3. * 언니와 지금은 자주 싸우기도 하지만 언니가 시집을 간다면 그리워질 것이다.
   * 오빠가 군대에 가서 오랫동안 오지 못하면 매우 그리워질 것이다.
   * 수련회에 갔을 때 동생이 무척 보고 싶어 운적이 있다.

 글숲 여행 되돌아보기   본문 140쪽

1. 누나, 돌이, 아버지
2. 산에다 불을 지르고서 그 자리를 쪼아 감자를 심고, 거두고 해서 살아가는 가난한 농삿집, 화전민입니다.
3. 각자 그려보기

 글숲 사람 되어보기   본문 141쪽

1. 누~나~~ 보고 싶어, 누~나~. 내 말이 들린다면 대답 좀 해 봐.
   누나는 어디에 살기에 나를 보러 한 번도 오지 않는 거야. 그 아저씨가 그렇게 좋아? 어떻게 엄마도 없고 친구도 없는 나를 혼자 내버려 두고 그냥 갈 수가 있어. 누나 한 번만 얼굴 좀 보자. 보고 싶어 죽겠다.

2. 아이고 아가. 불쌍한 아가. 이게 웬일이냐. 엄마도 없고 누나 하나 있는 것이 시집가고 없으니 네가 얼마나 외롭고 힘들었겠냐. 시집 간 누이가 얼마나 보고 싶었으면 어린 것이 혼자서 이 산속에 와 쓰러져있을까. 내가 아무리 바쁘고 형편이 안 되어도 너를 데리고 누이한테 한 번이라도 갔어야 했는데 이렇게 사무치게 보고 싶어 하는 줄은 미처 몰랐구나. 네 맘 몰라주어서 미안하다. 앞으로 내가 잘 하마. 아가, 어서 내 등에 업혀라. 호랑이 나올라. 다음부턴 이렇게 혼자 산속에 오면 안 된다.

본문 142쪽

1. *돌이를 논밭으로 데려가서 같이 농사일을 하도록 가르쳐준다. 그러면 돌이는 아빠랑 같이 있어서 좋고 심심해하지 않을 것이다.
   *돌이에게 좋아하는 장난감을 만들어 준다.
   *시집간 누나를 한 달에 한 번씩 다녀갈 수 있도록 부탁한다.
   *돌이랑 같이 한 달에 한 번씩 시집간 딸을 만나러 간다.
   *산속에서 벗어나 사람들이 많은 도시로 나가서 돌이에게 친구들을 사귀게 해준다.

2. *평소에 자신이 가장 흥미를 느끼는 일을 취미로 만들어서 취미생활을 한다.
   *자신과 마음에 맞는 친구들과 함께 어울려 신나는 일을 해본다.
   *어렵고 힘든 이웃을 찾아가서 어려운 문제를 해결하는데 도움을 준다.
   *앞으로 내가 갖추어야 할 능력이나 실력을 갈고 닦는다.
   *내가 좋아하는 사람들에게 전화를 걸거나 인터넷 채팅을 하며 대화를 나눈다.
   *재미있고 유익한 책을 빌려 읽고 책 속의 장소를 찾아가 보거나 작가를 만나본다.

 글숲 여행을 마치며

본문 143쪽

돌아. 안녕? 난 ○○에 사는 ○○야.
 너의 이야기를 읽고 얼마나 마음이 아팠는지 모른단다. 하나밖에 없는 누나가 어느 날 어떤 낯선 남자를 따라 시집가 버리고 엄마도 안 계신 집에 혼자 남아서 지내다니…… 너무나 불쌍하구나.
 가족이 그렇게 좋은 것이니? 난 동생과 맨날 싸워서 엄마아빠에게 혼나는데 없으면 그렇게 보고 싶은가 보다. 나도 너처럼 헤어져 있으면 그리워서 너처럼 산을 넘어 찾으러 갈지는 모르겠지만 현재는 내 일을 자꾸 훼방 놓고 엄마에게 고자질해서 나를 혼나게 하기 때문에 동생이 없었으면 좋을 것 같다.
 넌 하루 종일 무엇을 하고 지냈니? 생각해보니 너희 집은 텔레비전도 없을 것 같고 학교나 학원 다닐 일도 없을 것 같아서 좋을 것 같다. 너, 내가 얼마나 힘들게 사는지 아니? 아침에 눈을 뜨면 잠시도 쉴 틈이 없단다. 학교 끝나면 피아노 학원에 가야 되고, 끝나면 수학 학원에 가야 되고, 또 영어 학원에 가야 되고…….
 돌아, 힘내. 난 나를 하루 종일 감시하는 엄마아빠가 귀찮고 미울 때가 많은데 넌 아무도 없어서 슬프다니 세상이 참 불공평하구나.
 너의 이야기를 읽고 보니 나도 이제 가족의 소중함을 알고 바쁘게 사는 것이 얼마나 행복한지 알겠다.
 새로 생긴 동생 예쁘니? 그래도 동생이라도 있으니 얼마나 다행인지 모르겠다. 동물들도 마음을 통하면 대화가 될 수도 있을 것 같아.
 돌아, 외롭고 힘들어도 잘 견디길 바랄게. 바쁘고 힘들지만 공부할 수 있게 해주신 부모님께 감사하고 나를 감시하고 참견하는 분들에게 고마움을 느끼며 살게.

11 엄마는 파업 중

본문 144쪽

1. 음식 만들기: 시장보기(엄마), 음식만들기(엄마), 밥상차리기(엄마, 나), 설거지하기(아빠)
   과일깎기(누나), 음식물쓰레기 처리(아빠)……
   의복 관리: 옷사기(엄마, 가족들), 옷빨기(아빠), 빨래 개기(나, 아빠), 옷 다리기(아빠),
   옷장 정리(엄마)……
   정리 정돈: 방청소(형), 신발장 정리(형), 쓰레기 버리기(나), 이불개기(나, 형)……
   가족 돌보기: 동생돌보기(나, 엄마), 아빠심부름하기(엄마, 형, 나), 할머니 심부름하기……

2. 부모님이나 언니 오빠에게 도움을 청한다.

본문 154쪽

1. 엄마, 아빠, 은지, 수지, 예지 이렇게 다섯 명이 삽니다.
2. 플라타너스 나무에 걸쳐 놓은 널따란 널빤지 위에서 낮에는 바람에 실려오는 꽃내음도 맡고 책도 읽으며 밤에는 팔 베고 누워 별자리도 찾습니다.
3. 엄마 파업 중. 청소, 요리, 빨래 등 집안일을 모두 안함.
4. 자기 방자기가 치우기, 쓴 물건은 제자리에 갖다 놓기, 서로 싸우지 않기, 옷 벗어서 옷걸이에 걸기, 빨래는 세탁기에 넣기 등
5.

가. 아빠	* 아침 일찍 일어나 이불을 갠다. * 아침에 양말, 손수건, 와이셔츠는 찾아서 입는다.
나. 아이들	* 엄마가 밥상 차리는 것을 돕는다. * 우리 방은 스스로 치운다.

본문 155쪽

1.

대 상	하고 싶은 말
가. 남편	당신은 왜 당신의 양말이나 손수건을 내가 꼭 챙겨줄 때까지 기다리시는 거죠? 또 일요일엔 집안 대청소도 같이 해야되는 것 아닌가요?
나. 맏딸 은지	은지야, 너는 우리 집 맏딸이다. 물론 공부하느라고 힘들고 시간이 없겠지만 최소한의 집안일은 해야 한다. 집안일을 잘하는 것도 중요한 일이야.
다. 수지와 예지	수지야, 예지야, 너희는 물론 어리다만 너무한다고 생각지 않니? 이제 너희들도 옷을 스스로 입어야 하고 놀고나면 장난감도 스스로 정리를 해야 하지 않겠니.

2. 엄마, 우리 집에 할 일이 이렇게 많았어요? 전 정말 엄마가 이렇게 많은 일을 혼자서 하시고 계신 줄도 모르고 집안일을 돕지 않았어요. 엄마 그동안 고생이 많으셨군요. 이제 이렇게 많은 일을 엄마 혼자서 하시지 않도록 제가 나서겠어요. 아빠나 동생들과 의논해서 각자 할 일을 정한 다음 집안일을 나눠서 하도록 하겠어요.

엄마, 엄마가 행복하셔야 우리 가족 모두가 행복해요. 이제 아빠는 자기 물건은 엄마가 챙겨주시지 않아도 스스로 챙기실 거예요. 동생들도 자기 물건은 자기가 정리할 거구요. 저도 집안일을 열심히 돕겠어요.

본문 156쪽

1. * 은지 엄마는 그동안 집안일을 미루는 가족들 때문에 매우 스트레스를 받았던 것 같다. 은지 엄마의 생활도 중요하니까 평소에 가족들과 의논해서 집안일을 나눠서 하고 가족 모두에게 밝은 얼굴로 대했으면 더 좋았을 것 같다.
* 대부분의 엄마들이 그렇듯이 아이들도 공부 때문에 바쁘고 아빠도 직장에서 돈을 버느라고 바쁘다. 엄마는 가정주부니까 밖에서 열심히 일하다가 들어온 가족들에게 무엇을 해주기 바라는 것보다는 가족들을 쉬게하고 엄마가 대부분 집안일을 하셨으면 좋겠다.

2. * 우리 엄마는 직장을 다니신다. 그런데 우리 가족들은 집안일을 엄마에게만 미루고 안 한다. 지금 생각해보니 우리 엄마도 그동안 매우 힘드셨을 것 같다. 앞으로는 집안일을 나누어서 함께 해야 엄마도 쉴 시간이 있을 것 같다.
* 우리 엄마는 직장에 나가시지 않으신다. 그런데도 우리 가족은 집안일을 서로 나눠서 한다. 쓰레기는 내가 버리고 약숫물은 아빠가 떠오신다. 동생들은 자기가 어지른 것은 스스로 정리한다. 엄마는 늘 웃으시며 예쁜 옷을 입고 아빠랑 다정한 시간을 보내신다.
* 우리 엄마는 직장을 다니신다. 우리 아빠는 엄마보다 더 일찍 집에 오시기 때문에 저녁식사는 아빠가 해주신다. 엄마는 설거지를 하시고 방청소는 내가 한다. 저녁식사를 하고나면 엄마는 우리 공부를 봐주시고 아빠는 빨래도 개시고 과일을 깎아주시기도 하신다. 다른 집에 비하면 역할이 바뀐 것 같지만 누가 어떤 일을 해야하는지 구별하지 않는다.

본문 157쪽

사랑하는 엄마께

엄마, 전 오늘 '엄마는 파업 중'이라는 책을 읽었어요. 글쎄 은지 엄마는 가족들이 집안일을 도와주지 않으니까 화가 나서 '엄마는 파업 중'이라고 나무에 푯말을 매달고 나무 위로 올라가 버렸대요.

그런데 은지가 엄마대신 집안일을 해보니까 너무 할 일이 많아서 이렇게 엄마가 일을 많이 하셨나 하고 놀랐대요. 그래서 가족끼리 엄마에게 협상안을 적어서 엄마를 나무에서 내려오게 했다는 이야기예요.

엄마, 저도 이 책을 읽고 우리 엄마가 한 일을 머리에 떠올려 보았어요. 그랬더니 정말 엄마는 너무 많은 일을 하신다는 것을 알게 되었어요. 아침밥 차리기, 아빠 출근 도와드리기, 우리들 학교 갈 준비 도와주기, 빨래하기, 청소하기, 시장보기, 동생 돌보기……. 하루 종일 해도 끝이 없는 일이라는 걸 느꼈어요.

엄마는 우리 가족의 태양이신데 그동안 너무 일만 하셨네요. 가족들이 조금만 신경 썼으면 엄마도 여유있고 행복하게 하루를 보내실 수 있었는데 죄송해요. 이제 우리 가족들이 엄마를 도와서 엄마 혼자 힘들게 하지 않도록 제가 나서겠어요.

엄마 그동안 수고 많으셨구요. 엄마는 일을 조금만 하시고 아빠나 우리들이 집에 오면 서로 이야기를 나누는 시간을 많이 가졌으면 좋겠어요.

12 샬롯의 거미줄

글숲 엿보기   본문 158쪽

1. 가. ○○ 나. *○○는 언제나 나의 이야기를 들어주고 내가 잘못한 것까지도 이해해주기 때문입니다.
* 나는 운동을 잘하지 못하는데 그 친구는 운동을 잘해서 친구들에게 인기가 많고 나도 운동을 잘해보고 싶기 때문입니다.
2. *샬롯이라는 거미가 거미줄을 이용해서 무엇인가를 만드는 내용일 것 같다.
* 샬롯의 거미줄에 누군가 걸려 펼쳐지는 이야기 일 것 같다.
* 샬롯이라는 인물이 어디에서 거미줄을 발견하고 재미있는 일이 생길 것 같다.

글숲 여행 되돌아보기   본문 164쪽

1. 약한 돼지를 돌보려면 많은 일손이 필요하기 때문에 이익보다는 손해가 많을 거라고 여겨서 새끼돼지를 죽이려고 하였다.
2. 거미인 샬롯이 윌버를 지켜주겠다고 결심했다.   3. 대단한 돼지, 아주 좋은, 겸손한 4. 늙은 양, 탬플레톤인 쥐,
5. 품평회장에서 알을 남기고 간 친구의 알주머니를 집으로 가져와 봄까지 지킨 일과 샬롯의 새끼들을 잘 돌보고 사랑한 일

글숲 사람 되어보기   본문 165쪽

1. 아빠, 세상의 밝은 빛을 보기 위해 오랫동안 기다리다가 이제 갓 태어난 아기 돼지를 죽이시려구요? 그건 안 돼요. 아빠가 저 불쌍한 새끼돼지를 죽이신다면 전 너무 마음이 아파서 견딜 수 없을 것 같아요. 제발 절 봐서라고 한 번 더 생각해 주세요. 제가 저 불쌍한 돼지를 정성껏 키워보겠어요. 아빠, 꼭 제 소원을 들어주세요.
2. 이보게 친구, 늙은 양의 말을 너무 새겨듣지 말고 이제 울음을 그쳐요. 내가 널 지켜줄게. 주커맨 가족들이 너를 특별한 돼지로 여기도록 속임수를 써 볼게. 내가 살아있는 한, 난 너를 지키는 데 나의 온 힘을 다할 거야.

글숲 밖 사람 되어보기   본문 166쪽

1. 샬롯, 죽으면 안돼. 네가 죽으면 네 친구 윌버는 어떻게 살아가니. 오직 너만을 의지하고 너만을 믿고 살았는데. 어서 기운을 차려서 윌버랑 손잡고 집으로 돌아가. 윌버를 죽음에서 구했듯이 이번엔 너를 죽음에서 구해봐. 너는 할 수 있어. 네가 죽을 수밖에 없다면 너를 위해 기도할게. 넌 너의 좋은 머리를 남을 위해 쓸 줄 알았고 따뜻한 가슴은 남을 위한 마음으로 가득 찼어. 하늘나라에 가면 넌 분명히 상을 받을 거고 땅위에 남은 친구들은 너를 오래오래 기억할 거야. 잘가. 샬롯~
2. 이보게 윌버, 친구를 잃고 얼마나 쓸쓸하고 허전한가? 내가 자네 마음을 충분히 이해하고도 남네. 그러나 친구, 자네가 그렇게 슬픈 얼굴을 하고 지내면 하늘나라에서 자네를 지켜보는 친구의 마음이 너무 아플 걸세. 하늘나라의 친구가 자네에게 원하는 게 뭔지 생각해 보았나? 이렇게 쓸쓸하고 슬픈 얼굴로 지내는 것보다 다른 친구들과 어울려 행복하게 지내는 모습을 더 보고 싶어할 거라는 생각은 안 드나? 이제 기운을 차리고 밖으로 나와 보게. 밖에 나가면 샬롯처럼 좋은 친구들이 많다네.

글숲 여행을 마치며   본문 167쪽

　내 사랑 샬롯에게 – 오늘따라 유난히 친구가 보고 싶습니다. 친구는 나를 위해 몇날 며칠을 고민하여 나를 죽음에서 살리는 방법을 생각해 냈고 밤잠을 자지 않고 몸에서 실을 뽑아 글자를 새겼습니다. 친구가 아니었더라면 난 벌써 햄버거나 바베큐가 되어 식탁에 올랐을 것입니다. 내가 두려워 떨던 그런 모습으로요. 그러나 내가 죽지 않고 살아있는 것이 무슨 의미가 있습니까. 사람들이 나를 잡아서 식탁의 요리로 써 준다면 난 기쁜 마음으로 하늘나라에 있는 친구 곁으로 날아갈 것입니다. 내 앞에는 친구를 닮은 작은 거미들이 놀고 있군요. 친구가 남긴 자식들이니 잘 보살피겠습니다. 친구가 나에게 그랬듯이 나도 친구의 자식들을 위해 헌신을 하겠습니다. 내일부터는 힘을 내어 친구들과 어울리고 즐겁게 살겠습니다. 친구의 자식들도 나의 슬픈 얼굴보다는 행복한 얼굴을 보여주면 좋아할 테니까요. 부디 좋은 나라에서 행복하게 잘 지내고 먼 훗날 내가 그곳에 갈 때까지 잘 지내세요. 안녕.

13 돈키호테

본문 168쪽

1. * 아이언맨 – 로봇이 옷처럼 디자인되어 사람이 막강한 힘을 가진 이야기
   * 슈퍼맨 – 외계에서 태어난 아이가 지구에 도착하여 막강한 힘을 가진 이야기
   * 프랑켄슈타인 – 죽은 시체를 이용하여 새로운 생명체를 탄생하여 불사조가 된 이야기
   * 쥬라기공원 – 호박이라는 보석 속에 있는 곤충의 유전자를 이용하여 공룡을 부활시킨 이야기 등.
2. * 물고기 낚시를 하다 초대형 물고기를 낚은 이야기
   * 다양한 주제를 가지고 사람들을 깜짝 놀라게 하는 몰래카메라 형식의 이야기
   * 달리던 자동차가 갑자기 가게로 돌진하는 황당한 이야기
   * 주먹 크기 정도의 돌덩이처럼 생긴 큰 우박이 마구 쏟아지는 뉴스 등.

본문 180쪽

1. 기사들의 이야기는 하나같이 아름다운 문장으로 쓰여 있었고, 사랑을 속삭이는 장면은 더할 수 없이 달콤한 말로 표현되어 있었으며, 결투나 도전을 하는 장면은 눈앞에서 벌어지는 일을 직접 보는 것처럼 실감나게 그려져 있었기 때문에
2. 바짝 야위어 형편없는 말을 로시난테로 이름을 짓고 기사가 되기 위해서 떠남./ 돼지를 몰기 위해 불어 대는 뿔나팔 소리를 환영 나팔 소리로 들음./ 주막집 주인을 성주로 알고 정식 기사로 임명해 달라고 한 일./ 삼사십 개 정도의 풍차가 돌아가는 것을 거인으로 보고 싸운 일./ 산속 길에서 지나가는 귀부인을 아름다운 공주님으로 착각한 일./ 베네딕트 수도사를 몹쓸 마법사로 보고 싸운 일./ 주막 가정부가 성주의 딸이라 생각한 일./ 페에라브라스 물약을 만든 일
3. 언젠가는 주인 돈키호테가 큰 공을 세워, 큼지막한 섬 하나를 떼어 줄 것이라 믿고 있었기 때문

본문 181쪽

1. 야! 이 정신 나간 녀석아. 너 때문에 손해가 얼마나 많은지 아냐? 다시는 우리 주막 근처에도 얼씬거리지 마라. 에이! 재수 없는 녀석.
2. 돈키호테 기사라고 했나요? 우리 시종이 당신에게 기사 대접을 해주지 못해서 화가 났군요. 내가 대신 사과하니 부디 가던 길을 가주시겠습니까? 내가 당신을 멋진 기사라고 우리 마을에 전하겠습니다.

 본문 182쪽

1. *공상과학이야기–과학은 공상으로부터 시작되어 언젠가는 실현되므로 호기심이 생겨서
   *위인전–어려운 여건과 자신과의 싸움에서 이긴 모습을 본받을 것이 많고 닮고 싶어서
   *역사이야기–공상보다는 실제 있었던 이야기로 어려운 일들을 어떻게 해결했는지 알 수 있어서

2. *소목장에 들어가 소들이 우는 소리를 기사에게 덤비는 도적이라고 오해하여 겪는 이야기
   *바람에 날리는 나뭇잎이 자신에게 쏘아대는 화살이라고 생각하여 방패로 막으려 나뭇잎과 싸우는 이야기
   *축제가 열리는 광장에서 춤추는 아가씨를 평소 좋아하여 이름 붙인 『둘시네아 델 토보소』귀부인이라고 착각하여 함께 춤추고 싶어 소동을 벌이는 이야기 등

 본문 183쪽

돈키호테 아저씨께
 – 기사가 되기 위해 떠날 때 어떤 마음으로 출발했나요?
 – 로시난테를 만나서 처음 말 위에 오를 때 어떤 마음이었나요?
 – 돼지를 모는 나팔소리를 들으며 성주가 연주회하는 상상을 했을 때 어떤 기분이었나요?
 – 산초를 처음 만나 함께 여행할 때 어떤 기분이었나요?
 – 커다란 풍차의 날개와 싸우면서 다쳤을 때 어떤 기분이었나요?
 – 성 베네딕트 수도원 수도사님을 만났을 때 왜 마법사라고 생각하셨나요? 등의 내용을 담아 편지쓰기

유관순

글숲엿보기

본문 184쪽

1.

존경하는 인물	이순신
그 인물이 살았던 시대 상황	* 나라를 걱정하는 사람보다 자신이 잘 먹고 잘 살려고 노력하는 사람들이 많았다. * 일본이 우리나라를 침입해 와서 나라가 위태로웠다. * 임금님이 신하들의 말에 흔들려서 나라가 어지러웠다.

2.

일어난 때	1919년 3월 1일
참여한 사람	손병희를 비롯한 33명의 대표와 우리 민족들
일어난 이유	일본 사람들이 우리 민족을 억압하여 마음 놓고 살 수 있는 자유가 없었기 때문이다.
일어난 결과	* 세계 여러 나라들이 일본의 행패를 알게 되었다. * 일본의 속셈을 몰랐던 우리나라 사람들도 알게 되었다.

글숲 여행 되돌아보기

본문 193쪽

1. 일제강점기 1902년에 태어났습니다.
2. 젊은이들을 잘 가르쳐야 빼앗긴 나라를 되찾을 수 있다고 생각하였습니다.
3. *일본 헌병이 몇 번이고 훼방을 놓았지만 유관순은 굴하지 않고 마을 사람들에게 정성껏 글을 가르쳤다.
   *이 무렵, 우리 겨레는 내 나라, 내 땅에서 마음 놓고 사는 것조차 힘들었다. 그래서 모두 독립을 애타게 바라며 하루하루 고통 속에서 살고 있었다.
4. *총과 칼을 휘두르면서 사람들을 막았습니다.
   *마을을 샅샅이 뒤졌습니다.
5. 우리글을 모르는 사람들에게 열심히 글을 가르쳤습니다.

글숲 사람 되어보기

본문 194쪽

1. 안녕하세요. 저 관순이에요. 일본이 우리나라에 들어온 이유는 우리나라를 빼앗고 우리를 자기들의 종으로 만들려고 그러는 거예요. 지금 우리가 일본사람들을 몰아내지 않으면 우리는 영원히 우리나라를 찾지 못할 거예요.
어서 태극기를 같이 만들어요. 그리고 이 태극기를 들고 3월 1일날 같이 뛰어나가서 만세를 불러요. 그래야 일본사람들은 우리의 뜻을 알 것이고 세계 여러 나라도 우리의 억울한 사정을 알게 되어요. 그러니 꼭 참여를 부탁드립니다.

2. 이 나쁜 일본놈들아. 내가 내 나라를 찾기 위해서 만세를 부른 것도 죄가 되느냐. 너희는 남의 나라를 빼앗은 도둑놈들이다. 너희들은 하늘도 용서못할 것이다.

어서 우리나라에서 썩 물러가거라. 우리가 언제 너희더러 우리를 지켜달라고 했느냐. 너희는 조상대대로 지켜 내려온 이 땅에서 어서 나가거라.

다시 말하지만 내가 한 행동에 대해 잘못을 뉘우칠 일도 없으며 앞으로 우리나라의 독립을 위해서라면 감옥 안에서라도 쉬지 않고 만세를 부를 것이다.

본문 195쪽

1. * 일본헌병들은 너무 비겁한 녀석들이다. 맨주먹의 백성들을 어떻게 총이나 칼로 찌를 수 있단 말인가.
   * 우리나라 사람들은 매우 용감하다.
   * 나의 목숨보다 나라가 더 중요하다고 여긴 그 사람들이 훌륭한 사람들이다.

2. * 유관순은 열심히 공부하여 선생님이 되었을 것이다.
   * 다른 사람들을 도와주는 일을 하였을 것이다.

3. * 우리도 빨리 국력을 튼튼히 하여 일본을 꼼짝 못하게 혼을 내줘야 한다.
   * 다른 나라에게도 일본의 속셈을 알려 일본을 세계 속에서 고립시켜야 한다.
   * 우리 스스로 일본에게 허점을 보이지 않아야 한다.

 글숲 여행을 마치며

본문 196쪽

유관순 누나께

유관순 누나 안녕하세요? 저는 ○○초등학교 5학년 ○○랍니다.

누나는 젊은 나이에 돌아가셔서 언제나 젊은 모습으로 기억되네요. 그래서 누나라고 불러 봐요.

우리나라는 누나처럼 나라를 사랑하는 사람들이 있었기에 지금은 세계 속에서 10번째의 경제대국으로 자랑스럽게 뻗어나가고 있답니다. 물론 아직도 일본을 따라잡지 못했지만 머지않아 일본도 우리 손안에 꼼짝 못하게 할 자신이 있습니다.

작년에는 언니처럼 예쁜 김연아 선수가 동계 올림픽 대회에서 금메달을 땄어요. 언니는 직접 일본의 총칼 앞에 우리의 뜻을 전한 훌륭한 일을 하셨지만 김연아 언니는 피나는 노력을 하여 자신의 재주로 나라를 빛내는 훌륭한 일을 하셨어요. 그 덕분에 우리나라는 세계에 이름을 널리 알렸습니다.

언니가 일제 강점기에 태어나지 않고 지금 태어나셨더라면 그렇게 불행하게 돌아가시지 않고 다른 좋은 일을 하시면서 행복하게 사셨을 텐데 안타까워요. 언니는 지금 태어나셨어도 나보다는 다른 사람들을 위해 더 노력하셨을 거예요.

저는 꿈이 의사예요. 왜 의사가 되고 싶냐고 물으신다면 병으로 고통 받는 사람들을 병으로부터 해방시켜 주고 싶기 때문이에요. 특히 치과의사가 되어 이를 튼튼히 지켜주고 싶어요. 이가 튼튼해야 맛있는 것도 잘 먹고 건강하잖아요. 누나 지켜봐 주세요. 그럼 안녕히 계세요.

○년 ○월 ○일 ○○올림

수록 저작물 목록

제제명	저작자	출처
1. 배우가 된 수아	이금희	〈나와 조금 다를 뿐이야〉, 푸른 책들, 2008.
2. 나무를 심은 사람	장지오 글, 채혜원 옮김	〈나무를 심은 사람〉, 새터, 1993.
3. 사라, 버스를 타다	윌리엄 밀러	〈사라 버스를 타다〉, 사계절, 2004.
4. 순남이의 행복 가득 편지함	황보순희	〈받은 편지함〉, 우리교육, 2005.
5. 그런 편견은 버려	고상미	〈어떤 내용의 책일까?〉, 주니어랜덤, 2008.
6. 베니스의 상인	세익스피어	〈베니스의 상인〉, 지경사, 2006.
7. 원숭이 꽃신	정휘창	〈원숭이 꽃신〉, 효리원, 2008.
8. 마당을 나온 암탉	황선미	〈마당을 나온 암탉〉, 사계절, 2000.
9. 나의 라임오렌지나무	J.M 바스콘셀로스	〈나의 라임오렌지나무〉, 동녘 주니어, 2004.
10. 메아리	이주홍	〈메아리〉, 길벗어린이, 2010.
11. 엄마는 파업 중	박지영	〈엄마는 파업 중〉, 푸른책들, 2006.
12. 샬롯의 거미줄	엘윈 브룩스 화이트 / 김화곤 옮김	〈샬롯의 거미줄〉, 시공주니어, 2010.
13. 돈키호테	미켈 데 세르반테스 / 서석화 엮음	〈지혜로운 어린이 함께 읽는 세계명작1 지혜편〉, 도서출판 꿈동산, 2004
14. 유관순	박은화	〈교과서에 나오는 위대한 인물 유관순〉, 삼성당, 2009.

집필진	최명선(전 의왕초등학교)*	유혜영(세마초등학교)	전만기(전 하탑초등학교)
	송화순(전 안양초등학교)	이상복(성남동초등학교)	

* 표시는 집필 책임자임

심의진 경기도교육청 인정도서심의회 위원

황인표(춘천교육대학교)* 	이병희(샘모루초등학교)	류영우(모당초등학교)
이병달(금릉초등학교)	박신정(안양중앙초등학교)	김훈경(파주교육지원청)
김재란(자유초등학교)	이상숙(곡란초등학교)	박양희(연현중학교)

* 표시는 인정도서심의회 심사위원장임

감수진	강경호(서울교육대학교)	최윤도(전 교육인적자원부)
	김창원(경인교육대학교)	김선태(전 원종초등학교/한국아동문학회))

편집디자인 VISUALOGUE

삽화 진지현, 조진옥

교육부의 위임을 받아 경기도교육청에서 2021년 인정·승인을 하였음

초등학교

손에 잡히는 독서토론논술 5학년

초판 발행	2021. 3. 1	정가 8,180원
5쇄 발행	2025. 1. 2	
지은이	최명선 외 4인	
발행인	글샘교육(주) 경기도 광명시 일직로 43, A동 2104호(일직동, GIDC)	
인쇄인	(주)타라티피에스 경기도 파주시 상지석길 245 (상지석동, (주)타라)	

이 교과서의 본문 용지는 우수 재활용 제품 인증을 받은 재활용 종이를 사용했습니다.

교과서에 대한 문의사항이나 의견이 있는 분은 교육부와 한국교과서연구재단이 운영하는 교과서민원바로처리센터
(전화: 1566-8572, 웹사이트: http://www.textbook114.com 또는 http://www.교과서114.com)에 문의하여 주시기 바랍니다.

이 도서에 게재된 저작물에 대한 보상금은 문화체육관광부장관이 정하는 기준에 따라
사단법인 한국복제전송저작권협회(02-2608-2800, www.korra.kr)에서 저작재산권자에게 지급합니다.

내용관련문의 : 글샘교육(주) (경기도 광명시 일직로 43, A동 2104호(일직동, GIDC))
개별구입문의 : 홈페이지 주소 www.gsedu.co.kr (02)549-1155 글샘교육(주)